Eine Runde Schweiz

Martin Jenni
Bilder von Marco Aste

Eine Runde Schweiz

Ein kulinarischer Streifzug durch das Land

WERDVERLAG

Alle Angaben in diesem Buch wurden vom Autor nach bestem Wissen erstellt und von ihm und dem Verlag mit Sorgfalt geprüft. Inhaltliche Fehler sind dennoch nicht auszuschliessen. Daher erfolgen alle Angaben ohne Gewähr. Weder Autor noch Verlag übernehmen Verantwortung für etwaige Unstimmigkeiten.

Idee, Konzept und Text Martin Jenni
Bilder © Marco Aste
Lektorat Linda Malzacher
Gestaltung und Satz Claudia Neuenschwander, Tania da Silva
Druck Bodan AG Druckerei und Verlag, Kreuzlingen

ISBN 978-3-85932-671-2
www.werdverlag.ch

Restaurant Reutegg

Im Blickpunkt:
52 Beizen und vier Grenzgänge ohne Reue

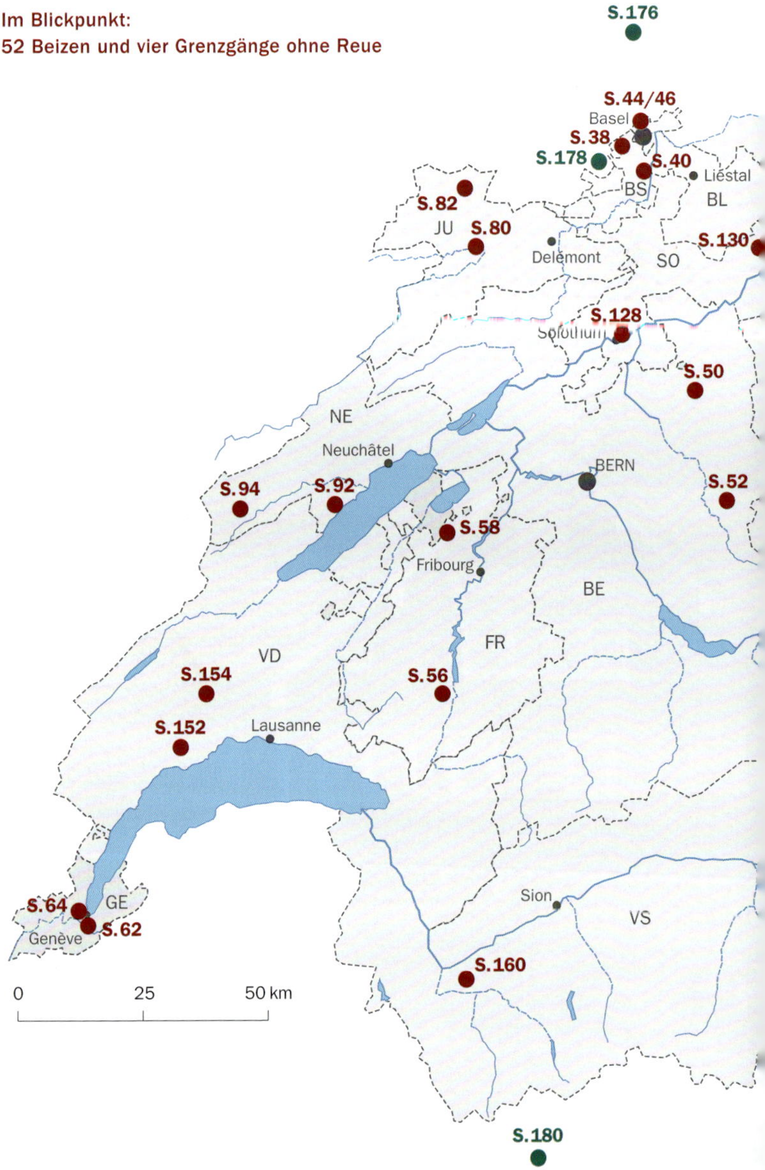

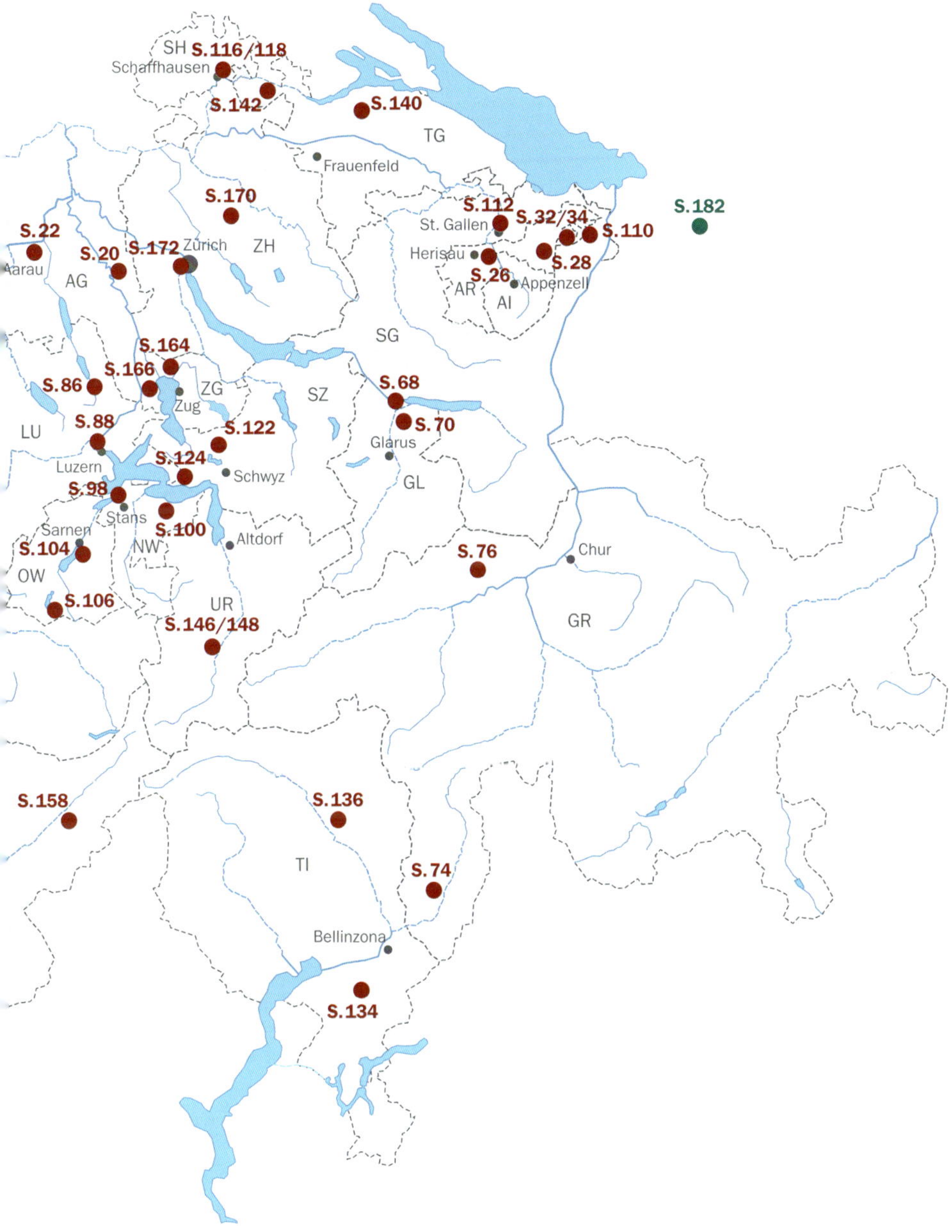
SH
S.116/118
Schaffhausen
S.142
S.140
TG
Frauenfeld
S.170
S.112
St. Gallen
S.32/34
S.110
S.182
S.22
S.20
S.172
Zürich
ZH
Herisau
S.28
S.26
Appenzell
Aarau
AG
AR
AI
SG
S.164
S.166
S.86
ZG
Zug
SZ
S.68
S.70
LU
S.88
S.122
Glarus
Luzern
S.124
Schwyz
GL
S.98
Stans
S.100
Sarnen
S.104
NW
Altdorf
S.76
Chur
OW
S.106
UR
S.146/148
GR
S.158
S.136
TI
S.74
Bellinzona
S.134

Ansage vor dem Herd

«Hat irgendjemand etwas von Martin Jenni gehört?» Diese Frage hallte oft durch die Redaktion von Salz&Pfeffer. Meistens kurz vor Druckschluss der nächsten Ausgabe, Kopfschütteln wo man auch hinsah, Jenni war im Verzug, seit Tagen. Der Mann war – er hat sich mittlerweile gebessert, ehrlich – der Albtraum eines jeden Chefredaktors. Lang im Voraus vereinbarte Abgabetermine und gutes Zureden nützten nichts, Martin Jenni lieferte seine Texte chronisch zu spät, meistens mit einer an Kreativität nicht zu überbietenden Begründung. Mein persönlicher Favorit ist die Bisswunde an der linken Hand, welche ihn am Schreiben hinderte. Er sei schlichtend zwischen zwei sich streitende Hunde getreten. Richtig böse konnte man dem – ebenfalls chronischen – Charmeur indes nicht sein. Und das lange Warten lohnte sich immer. Martin Jenni hat nicht nur einen sehr feinen Gaumen, sondern führt auch eine ebenso feine Feder. Er hat das seltene Talent, ein aussergewöhnliches Gericht nicht nur als solches zu erkennen, sondern es auch treffend zu beschreiben. Sein Fundus an guten Adressen ist legendär. Ein Schatz, den er über die Jahre in unzähligen Touren kreuz und quer durch die Schweiz gesammelt hat. Oft sind es Entdeckungen, die erst Jahre später von einem Gourmetführer «entdeckt» werden. Oder es sind einfache Beizen, in denen eine nicht zu überbietende Rösti oder ein sensationeller Braten auf den Tisch kommt. Martin Jenni interessiert sich nicht in erster Linie für Punkte und Sterne, sondern für echten Genuss und echte Gastgeber, die nicht selten auf dem Cover von Salz & Pfeffer landen. Vielleicht haben Verleger und Lektorin dieses Buches ein paar schlaflose Nächte hinter sich. Vielleicht sind die Texte von Martin Jenni ein klitzekleines bisschen nach dem vereinbarten Abgabetermin angekommen. Aber das Warten hat sich gelohnt … Bestimmt!

Tobias Hüberli
Chefredaktor Salz & Pfeffer

Ansage hinter dem Herd

Lieber Martin Jenni

Haha! Ich als Koch schreibe über Dich Schreiberling und Schöngeist. Was für eine Freundschaft! Mein lieber Jenni, Du bist für mich der letzte Mohikaner der lustvollen Esser und Geniesser. Ich liebe es, wenn Du von Deinen Restaurantbesuchen schwärmst und die einfachen Gerichte aufzählst, die Dich fast aus den Socken gehauen haben, wie etwa von Hand geschnittene Pommes frites, eine Perlhuhnterrine oder mit reifem Sbrinz gratinierte Kutteln. Oder der Ochsenmaulsalat auf lauwarmem Kartoffelsalat … Ja, da kannst Du schwelgen und sagen: «Weisst Du, Alex, es ist der Geschmack … Und die Grossmutter, die dort in der Küche sitzt und die Kartoffeln für die Frites rüstet … Und in dieser Beiz da, da gibt es einen Jambon à l'Os, den musst du probiert haben … Und dieser aromatische Apfelwein, dieser saure Most aus Zuzgen, und dies, und das …» Wer auf dieser Welt kann so viel erzählen und all die Feinheiten herausspüren – und darob so begeistert sein?

Für frische Kartoffelstäbchen oder eine im Schweinefett gebratene Rösti begeistern sich nicht viele Gourmets, denen oft nur die teuersten Produkte gut genug sind. Doch Du liebst die regionale Küche von Herzen. Du weisst das Handwerk zu schätzen, die sorgfältige Zubereitung, das kleine Detail, das Gewürz, den Duft von geschmorten Randen, das knusprige Gitzi mit ganzen Knoblauchzehen …

Lieber Martin, ich gratuliere Dir zu Deinem Buch, und ich freue mich auf das nächste Mal, wenn wir zusammen am Tisch sitzen, ein gutes Essen geniessen und frische, filigrane Weine dazu trinken, mit einem Enzian, einer Quitte, einem Kirsch oder einem rauchig torfigen Single Malt verdauen und Zigarren rauchen – denn das ist unsere Art von Wellness, die wir brauchen, die wir machen bis zum Sonnenaufgang …

Ich wünsche Dir viel Erfolg und «häb Sorg»!

In Freundschaft, Alexander Rufibach
Gasthof zum Brunnen, Fraubrunnen

Mit gutem Brot fängt es an

Dies ist ein Buch für Rumtreiber, für Tagediebe, die wissen, wie man sich entspannt und geniesst.

Dies ist ein Buch für Wein- und Tafelfreunde, für passionierte Beizengänger mit Appetit und dem Sinn für das Wesentliche.

Dies ist kein Buch für Besserwisser und Trendsetter, denen Damast und Seidentapeten wichtiger sind als frisches Brot und gute Butter.

Dies ist kein Buch für Kalorienzähler, militante Vegetarier, Dandys des Essens oder Snobs der Küche. Wer nur beim Genuss von Filet, Hummer, Austern und Co. glücklich wird, sollte hier mit dem Lesen aufhören.

Dieses Buch ist ein kulinarischer Streifzug durch die Schweiz. Es erzählt von 52 Restaurants in 26 Kantonen, von der einfachen Bauernstube bis hin zum ambitionierten Gasthaus.

Dieses Buch empfiehlt kulinarische Nischen zum Einkaufen, Überhocken und Übernachten, es stellt Bücher zu den Regionen vor und sagt, wo sich kulturelle Boxenstopps lohnen.

Dieses Buch berücksichtigt keine Köche, die vollmundig über ihre molekularen Gehversuche philosophieren, beim pochierten Ei aber scheitern und nicht wissen, was für ein Leben ihr Schlachtvieh geführt hat.

Dieses Buch würdigt vielmehr Gastronomen mit Bodenhaftung, Persönlichkeiten, die sich in ihren Bastionen gegen die Verrohung der kulinarischen Sitten wehren.

Aufgeführt sind kochende Freunde, Lieblingsbeizen, Eigenbrötler – auch beim Kleingedruckten auf den Folgeseiten «Best of the Rest». Nicht dabei sind ganz viele, auch solche, die ich sehr schätze, über die ich aber schon so oft berichtet habe, dass ich sie hier für einmal weglasse.

Die Gastronomie hat Achtung verdient. Könner verdienen vom Gast Applaus und ein mutiges Trinkgeld. Nicht nur die Fische seien vom Aussterben bedroht, auch die Tischkultur sei ein Fall für die Rote Liste gefährdeter Arten, schrieb der Kollege Wolfgang Abel. Dem ist nichts beizufügen.

Genug sinniert. Als Appetitanreger zum Schluss noch dies:

Für den besten Ochsenmaulsalat pilgere ich zu Alexander Rufibach nach Fraubrunnen.
Für fangfrischen Hecht im Bierteig zu Max Eichenberger nach Birrwil.
Für einen Mistkratzer mit Trüffeln satt zu Werner Tobler nach Hochdorf.
Für Croûte aux Morilles zu Christian Flubacher nach St-Ursanne.
Für Ghackets mit Hörnli zu Gabi Winzeler nach Schaffhausen.

In diesem Sinne viel Spass beim Erleben,
Martin Jenni

Aargau

Frisch ab Presse

Sägerei & Mosterei Hugo Sidler, Hellikon

Bärenstark!

Glacierte Bärentatzen sind Geschichte, die marktfrische, regionale Küche nicht. Und wer Nachschlag will, kauft im «Bärenladen» ein.

Ziemlich unberührt liegt Fisibach am Ende des Bachsertals. Heile Welt? Sieht ganz danach aus und schmeckt auch so. Zumindest im «Bären», der wundervollen Dorfbeiz, die Béatrice und Pierre Arn seit dreizehn Jahren besitzen und mit viel Elan führen. Wer sie zuerst auf ihrer Website besucht, den mag das umfassende Angebot etwas verwirren, wer sie persönlich kennenlernt, lässt sich sehr schnell begeistern. Nicht nur von Beiz, Empfang, Herzlichkeit und Qualität, sondern auch von ihren Einmach- und Räucherspezialitäten.

Von Kindesbeinen an

Béatrice und Pierre Arn stammen aus Bauernfamilien, die wissen, wie man sich einen Wintervorrat zulegt. Pierre hat sich von der Räucherei gefangen nehmen lassen, war fasziniert, dass sich Fisch und Fleisch ohne künstliche Zusatzstoffe und nur mit Salz und Rauch haltbar machen lassen. Aus der hauseigenen Räucherkammer in Fisibach kommen Rauchforelle und geräucherter Lachs, allerfeinste Jurawürste und ein exzellenter Wildschweinschinken. Auch die Kunst des Einmachens beherrschen die Arns: Sie konservieren unzählige Produkte wie Gemüse, Pilze, Käse und Früchte.

Das Terroir zählt

Was aber vor allem beeindruckt, ist die Einkaufsphilosophie der Gastgeber. Sie kaufen regional ein, mit ganz wenigen bewussten Ausnahmen wie etwa dem schottischen Biolachs. Fleischlieferant ist der lokale Metzger, der die regionalen Bauern kennt und das Schlachtvieh aus artgerechter Haltung bezieht. Die Wildschweine und Rehe werden heimischen Jägern abgekauft, die Eier kommen von Hühnern aus dem Bachsertal, auch die Früchte und das Gemüse stammen von da. Das Brot wird nicht im Haus produziert, sondern in der Holzofenbäckerei im Dorf. Rothirsch und Gamswild kommen aus Elm im Glarnerland, das Lamm aus dem Bündnerland. Fazit: Hier wird nicht scheinheilig über Regionalität und Nachhaltigkeit geschwafelt, sondern diese tatsächlich ausgelebt: «Essen wir doch vorwiegend das, was uns die Natur vor der Haustür bietet.» Genau.

Klare Sicht auf Wildschweintrockenfleisch aus der Räucherkammer

Restaurant Bären
Béatrice und
Pierre Arn-Pfister
Bachserstrasse 12
5467 Fisibach
044 858 21 29
www.baeren-fisibach.ch

Ruhetage Di und Mi.
Geöffnet Mo mittags und abends, Do ab 17 Uhr, Fr und Sa ab 11:30 Uhr, So ab 10 Uhr.
Ideal für Slow-Food-Jünger und Pragmatiker.
Fumoir Open Air.
Frischluft Aufgeräumte Gartenidylle.
ÖV Mit der Bahn bis Kaiserstuhl, Niederweningen oder Baden und weiter mit dem Bus nach Fisibach.
PW Parkplätze beim Haus. Anfahrt von Zürich via Kloten und Bülach, von Basel den Rhein entlang auf der alten Hauptstrasse, von Bern via Baden.
Zu Fuss Durchs Bachsertal oder den Rhein entlang.
Speziell Obwohl das Angebot vielfältig ist, wird marktfrisch und ausgezeichnet gekocht.
Kultur Innehalten in der Dorfkapelle, deren Chorfresken frühbarocker Stil sind.
Küche Rindskraftbrühe mit oder ohne Markbein, Rindsfiletspitzwürfel, Kalbsleber, Rauchforelle an Safran-Buttersauce, Vegetarisches nach Pierre Arns Lust und Laune.
Keller Vorbildliches Angebot mit diversen regionalen Weinen, unter anderem von Urs Pircher aus Eglisau/ZH.
Gut zu wissen Im hauseigenen Laden kann man eingelegte Bioforelle oder Steinpilze, Senf-Dillsauce, Hausdressing, Pesto, Jurawurst, Fleischkäse, Wildschweintrockenfleisch und anderes einkaufen.
Preise Mittel.

Die Kochinsel

Wirtschaftsinformatik war einmal. Silvio Meier hat die Informatik gestrichen und seine Passion zum Beruf gemacht. Eine gute Idee.

Wie soll das gehen, mit nur 16 Plätzen? Es geht! Und wenn es eine geschlossene Gesellschaft ist, wird im «Ampere» auf 18 Plätze aufgestockt. Mehr Personen gehen aber schlicht nicht rein. Seit fünf Jahren steht er am Herd, der Quereinsteiger und Alleinkoch Silvio Meier. Kochen ist sein Leben. Irgendwie logisch, denn wer lebt, isst. Und Silvio Meier isst sehr gerne. Wer bei ihm Gast ist, kommt in den Genuss einer unprätentiösen Küche, über die man nicht lange philosophieren muss. Sie ist gradlinig, so wie der Gastgeber auch. Kein Gewürz, kein Wort zu viel. Darum liebt er es auch, im Wald Pilze zu sammeln. Denn wer muss im Wald schon sprechen? Nein, ein Mann der grossen Worte ist Silvio Meier nun wirklich nicht.

Auf den Punkt gebracht

Er hat seine Passion umgesetzt, lebt sie aus und kocht. Wer einmal bei ihm gegessen hat, wird immer wieder kommen. Prokuristen, Anwälte, Techniker, Lebenskünstler, Pensionäre, die üblichen Verdächtigen halt. Jung und alt, schön und weniger schön. Man kennt sich. Die Gäste palavern über Gott und die Welt, die Politik, das Wetter, das Essen im Allgemeinen und Silvios Köstlichkeiten im Speziellen. Man prostet sich zu, feiert und verdaut mit einem «Seppetoni», einem Kirsch von Lorenz Humbel aus Stetten. Zum Wohlsein ...

Ein Menü

Am liebsten würde Silvio Meier nur ein Menü kochen, was durchaus verständlich wäre, zumal seine Kochinsel klein ist. Noch kocht er aber verschiedene Gerichte, und es erstaunt immer wieder, wie gut und präzise Silvio Meier in seiner Einmannshow kocht. Ziegenkäse im Strudelteig mit Mango und Avocado, im Spargelsud pochiertes, zartes und aromatisches Kalbsfilet oder ein luftig-leichtes Schokoladensoufflé mit Erdbeer-Basilikumsalat zum Beispiel. Nach dem Essen ein Südtiroler Rosenmuskateller – ein würdiger Abschluss an einem speziellen Ort. Und wenn nach dem Mahl der Patron seine Insel verlässt und seine Tafelrunde mit einem konzentrierten Mundwinkelzucken begrüsst, weiss sie, dass Silvio Meier mit ihnen und sich zufrieden ist.

Flott unterwegs auf dem Rüstbrett: Silvio Meier

Silvio's Ampere
Silvio Meier
Aarestrasse 29
5102 Rupperswil
062 897 67 00
www.silvios-restaurant.ch

Ruhetage Mo und Di.
Geöffnet Mi bis So ab 16 Uhr.
Ideal für Flussgänger, Architekten und Genussmenschen.
Fumoir Open Air.
Frischluft Direkt am Kanal.
ÖV Mit der Bahn von Aarau, Brugg oder Lenzburg nach Rupperswil. Dann zu Fuss in einer Viertelstunde zur Alten Spinnerei.
PW Neben dem Haus auf den Parkplätzen der Alten Spinnerei. Ausfahrt Aarau-Ost nehmen.
Zu Fuss Auf Naturwegen dreieinhalb Stunden der Aare entlang von Aarau zum Stauwehr Rupperswil. www.aarauinfo.ch
Speziell Silvio Meier kocht für nur 16 Gäste.
Kultur In der Futterfabrik KiFF in Aarau. Zwischen Luka Bloom, Gustav und Stiller Has. www.kiff.ch
Küche Tatar vom Biolachs, gebackener Ziegenkäse, Filet vom Black Angusrind, Zander auf Artischockenrisotto oder ein 5-Gang-Menü.
Keller Räuschling, Rheinriesling und diverse üppige Flaschen aus Italien, Portugal und Spanien.
Gut zu wissen Für Privatgespräche ist die Beiz zu klein. Die Gäste sitzen wie in französischen Bistros dicht nebeneinander und hören oder reden mit.
Preise Mittel, mit gehobenen Weinpreisen.

BEIZEN

Bären
Dora und Max Eichenberger
Dorf 101
5708 Birrwil
062 772 11 29
www.baeren-birrwil.ch
Mo und Do bis Sa ab 17 Uhr, So ab 11 Uhr geöffnet.

Wer zu Max geht, nimmt sich Zeit, viel Zeit, oder lässt es gleich bleiben. Der Hausherr ist allein in der Küche, die Gräten der Fische zupft er mit der Pinzette unter der Lupe. Das kann dauern. Doch das Warten lohnt sich. Stimmungsvoll, mit Patina und mit Dora, der herzlichen Gastgeberin.

Bären
Esther und Geri Keller
Dorfstrasse 19
5277 Hottwil
062 875 11 45
www.baeren-hottwil.ch
Mo und Do bis Sa ab 9 Uhr, So ab 10 Uhr geöffnet.

Regionale Frischküche in der ursprünglichen Beiz aus dem Jahr 1539. Idyllisch, gemütlich, mit sympathischen Gastgebern und einigen Gästezimmern.

BETTEN

Sennhütte
Eva und Pesche Panero
Sennhütten 97
5078 Effingen
062 876 13 67
www.sennhuette.ch

Für ein beschauliches Wochenende mit Freunden und einer Anfahrt ohne Stau. Wer will schon nach Effingen? Ganz viele! Frühzeitig reservieren.

BESUCHEN

Da Luigi
Luigi Bello
Vordere Hauptgasse 42
4800 Zofingen
062 751 13 40
www.daluigizofingen.ch

Im «Alimentari» von Luigi Bello macht man mit archaischen Gaumenkitzlern und einem Chinotto Pause vom Alltag. Alles ist einfach und wunderbar zugleich. Ein Stück authentisches Italien, ohne Barrique – und ohne Berlusconi.

Humbel Spezialitätenbrennerei
Lorenz Humbel
Baumgartenstrasse 12
5608 Stetten
056 496 50 60
www.humbel.ch

Die sortenreinen Kirschbrände sind das Markenzeichen der Brennerei. Hervorragend.

fricks monti
Martina Welti und Philipp Weiss
Kaistenbergstrasse 5
5070 Frick
062 871 04 44
www.fricks-monti.ch

«Alles ausser gewöhnlich», meinen die Macher des «fricks monti». Recht haben sie. Ihr Mix aus Bar, Restaurant, Kino, Theater und Konzert ist in der Region einzigartig und zieht auch Nachtschwärmer aus Zürich und Basel an. Im Kino auf dem Zweierbalkon eine Flasche Champagner zu schlürfen und über «Amarcord» auf der Leinwand zu sinnieren, hat schon was.

BUCH

Der Kanton Fricktal – Bauern, Bürger und Revolutionäre an der Wende vom 18. zum 19. Jahrhundert
Patrick Bircher

Der Kanton Fricktal – eine Utopie? Keineswegs! Mehr dazu auf 250 spannenden Seiten. Zumindest für jeden patriotischen Fricktaler.
www.kanton-fricktal.ch

Appenzell Ausserrhoden

Ausserburger

Bäckerei Brotkorb, Waldstatt

Sonderbar

Sepp Kölbener hat das Zeug zur lebenden Legende. Bei ihm sind die Fragen im Kopf und die Antworten im Bauch. Kein Wunder, bei einem kochenden Lehrer.

Restaurant «Sonder» – ein sonderbarer Name. «Sonder» leitet sich vom mittelhochdeutschen Wort «sundar» ab, was «abseits» bedeutet. Tatsächlich stand das Haus früher vollkommen abseits, und noch heute hat es in diesem Weiler nur ein paar Häuser. Im Appenzellerland wird ein gutes Dutzend Gelände mit «Sonder» bezeichnet – aber nur eine Wirtschaft. Und was für eine! Mit ihren drei Giebeln ist sie nicht zu übersehen. Die Hauptrolle spielt aber der Wirt. Und manchmal sein Klavier. Das Haus steht unter Denkmalschutz, für Sepp plädiere ich auf Artenschutz. Würde ich nicht im Westen wohnen, ich wäre wöchentlich hier.

Vom Lehrer zum Koch

«Wer nichts wird, wird Wirt», sagen böse Zungen. Auf «Polizist» reimt es sich nicht, und zu Sepp passt es nicht: Er steht täglich am Herd, kocht saisonal, regional und nach Lust und Laune. Ohne Konzept, dafür mit Antworten im Bauch. Als ehemaliger Lehrer ist das völlig normal. Auf dem Herd brutzelt das Cordon bleu, in der Friteuse bräunen die Pommes frites. Keine Industrieware, sondern von Hand geschnittene Stäbchen von gelagerten Kartoffeln. Auch die Nussgipfel macht Sepp selbst – wie eigentlich fast alles. Wer nicht rechtzeitig zum «Gipfeltreffen» erscheint, hat das Nachsehen. Nicht anders verhält es sich mit seiner delikaten Kaninchenpastete, der zarten, kurz angebratenen Kaninchenleber oder seinem saftigen Sonntagsbraten. Und erst die Kirschtorte – oh, là, là!

Ein Klavier, ein Klavier!

Im «Sonder» steht auch ein Klavier. Es ist sperrig und manchmal laut. Wie Klaviere halt so sind. Das wissen wir spätestens seit Loriot. Im «Sonder« steht es nicht zur Zierde da, obwohl der Hausherr nur spielt, wenn er alleine ist, was schade ist. Passt es aber, spielen ein Gast oder gleich mehrere Gäste auf. Es wird laut und noch schöner im «Sonder». Jazz, Folk, Klassik, egal, die Nacht dauert, die Zugaben auch. Das Haus kocht, die Gäste schwitzen, in der Küche dampfen die Mitternachtswürste. Klavier spielen verursacht Appetit, zuhören nicht weniger. Möge das mit Sepp und seinem Sonderplatz noch lange so weiter gehen!

Ostern und Gäste kommen bald, Eier und Aromat sind schon da

Restaurant Sonder
Sepp Kölbener
Sonder 249
9063 Stein
071 367 11 44

Ruhetage Mo und Di.
Geöffnet Mi bis Fr ab 15 Uhr, Sa und So ab 9 Uhr.
Ideal für Gourmands, zivilisierte Motorradfahrer, Klavierspieler und sympathische Zeitgenossen.
Fumoir Open Air.
Frischluft Der Gast sitzt in der ersten Reihe. Das ist wortwörtlich zu verstehen, aber nur vor Ort erklärbar …
ÖV Mit dem Postauto von St. Gallen nach Stein.
PW Parkplätze neben dem Haus. Anfahrt über Hundwil in Richtung Appenzell.
Zu Fuss Von Stein aus in einer Dreiviertelstunde oder über Felder und Wiesen rund um das «Sonder» spazieren.
Speziell Das Sonntagsfrühstück ist beliebt, wer später kommt, gönnt sich den Sonntagsbraten.
Kultur Ein Klavier, ein Klavier!
Küche Cordon bleu, Raclette, Kuchen und Torten.
Keller Ausbaufähig.
Gut zu wissen Wer nach dem Essen den geheimnisvollen «Grüsigen» (auf der Basis von Trester) trinkt, lässt sich zwingend nach Hause chauffieren …
Preise Günstig bis mittel.

Hörnli hani eifach gernli

Wernli sind keine da, dafür jede Menge Hörnli. Wer sie liebt, hat mit dem Landgasthaus Hörnli in Trogen seine Traumbeiz gefunden.

Im «Hörnli», dem «Reschterand ond meh», dreht sich alles ums Hörnli. Den Gastgebern ist es ernst damit, obwohl sie keine Ernst-Teigwaren verwenden. Ihre Kochtöpfe kennen nur die Hörnli von Frau Bischof aus Niederhelfenschwil/SG, und das macht den Unterschied. Den Rest erledigt Walter Kägi unter der Regie von Erwin Schirmer, der das Wirten im Blut hat. Schon seine Eltern und Grosseltern haben im «Hörnli» gewirtet, allerdings nicht allein mit Hörnli. Verständlich, denn damals gab es die Frau Bischof noch nicht.

Warms zom esse

Das Angebot liest sich so: «Chäshörnli met Appezeller Chäs», «Hörnli met Gehacktem», «Hörnli anere Fiigesauce mit Cognac», «Hörnli anere Tomatesauce mit Cognac», «Hörnli met Garnele ond anere Kokosmilchsauce», und dann gibt's noch die «Rezessionshörnli mit Servelat, Landjäger und Zwiebeln». Und das «Epfelmues»? Das ist selbstgemacht, kostet drei Franken extra und ist jeden Rappen wert. Nur bei den «Rezessionshörnli» ist es im Preis inbegriffen. Irgendwie logisch. Wem ab soviel Hörnli der Appetit vergeht, der befindet sich in der falschen Beiz oder weicht vor Ort aus, auf einen «äfache Worscht-Chässalot» oder auf «e gräuchts Kotelett oder sös e Öberraschig».

Die Appen

Dass die Appenzeller ein spezielles Volk sind, lehrte uns der Kabarettist César Keiser. Zwei Details: Im «Hörnli» wird auf der Speisekarte Dialekt mit Schriftdeutsch vermischt, was ich schade finde. Die Übersetzung für die nördlichen Nachbarn könnte ja stattdessen auf der Rückseite stehen. Und bei den Weinen dürfte das Angebot weniger üppig sein: Hörnli und ein leichter Roter vermählen sich besser. Ich denke da an einen Südtiroler Vernatsch oder, regionaler, an einen Bündner Schiller von Gian-Battista von Tscharner. Übrigens: Der Wirtshausname «Hörnli» hatte ursprünglich nichts mit den gekrümmten Teigwaren zu tun, sondern bezog sich auf das Blasinstrument Horn, das im Wirtshausschild zu sehen ist. Fazit: Wer sich bei Erwin und Walter nicht wohlfühlt, hat entweder eine Hörnli-Allergie oder sonst Probleme. Und für jene, die sich besonders wohlfühlen, gibt es über der Beiz einige einfache Gästezimmer.

Sehen aus wie ein Paar, sind ein Paar: Walter Kägi und Erwin Schirmer

Landgasthaus Hörnli
Erwin Schirmer und
Walter Kägi
Eugst 2, 9043 Trogen
071 344 23 68
www.hoernlitrogen.ch

Ruhetage Mo bis Mi.

Geöffnet Do und Fr ab 17 Uhr, Sa und So ab 11 Uhr.

Ideal für Pastafreunde, Gutmenschen und Idealisten.

Fumoir Open Air.

Frischluft Stilvolle Gartenterrasse.

ÖV Mit der S12 von St. Gallen bis Trogen, mit dem Postauto bis Eugst. Die Haltestelle befindet sich direkt vor dem «Hörnli».

PW Parkplätze vor dem Haus.

Zu Fuss Im Winter können vor Ort Schneeschuhe gemietet werden.

Speziell Für Verliebte oder solche, die es werden wollen organisieren Walter und Erwin eine Kutschenfahrt durchs Appenzellerland.

Kultur Spezielle Themenabende mit Naturjodel, anderer Musik, Literatur …

Küche Der helvetische Teigwarenklassiker steht im Mittelpunkt.

Keller Ausbaufähig.

Gut zu wissen Die Gästezimmer verfügen über vorbildliche Matratzen, auf denen sich jedes Kreuz entspannt. Toilette und Dusche auf dem Gang.

Preise Mittel.

BEIZEN

Landgasthof und Bäckerei Hirschen
Familie Mettler-Meya
9044 Wald
071 877 11 46
www.hirschenwald.ch
Di und Mi geschlossen.

Die Appenzeller Literaturtage finden im geschichtsträchtigen Saal statt, die Nachtruhe im ehemaligen Kuhstall, der kulinarische Genuss in den gemütlichen Gaststuben. Die Rösti des Hausherrn ist Pflicht!

Sommersberg
Andrea und Jakob Brunner
9056 Gais
071 793 11 31
Mo und Di geschlossen,
Sa und So Fahrverbot.

Die Siedwurst hat es in sich, ebenso die Aussicht, die Atmosphäre und im Speziellen die Herzlichkeit der Gastgeber.

Wirtschaft Teufenberg
Familie Frischknecht
Teufenberg 854
9107 Urnäsch
071 364 12 91

Die Wirtin tischt auf, ihr Mann schaut zum Rechten, die Gäste sitzen plaudernd am einzigen langen Tisch. Das ist die wundervolle Gaststube der Familie Frischknecht. Seit 1951 sind Saft, Bier, Pantli (Rohwurst), Suppe und Käse das Programm. Das Ganze ist herrlich patiniert.

BETTEN

Genossenschaft Hotel Linde
Poststrasse 11
9410 Heiden
071 898 34 00
www.lindeheiden.com

Elf individuell gestaltete DZ. Stimmungsvolles Restaurant. Konzerte, Lesungen und Kleinkunst im traumhaften Saal. Manchmal mit Lautenmusik aus der Renaissance und dem Frühbarock.

BESUCHEN

Holzofenbäckerei Brotkorb
Annelise Allenspach und Christof Engetschwiler
Mooshaldenstrasse 35
9104 Waldstatt
071 351 22 62

Eine unscheinbare Holzofenbäckerei, leicht zu übersehen, was ein Fehler wäre. Wer wissen will, wie richtiges Brot schmeckt, der legt hier einen Boxenstopp ein.

Kabier
Magdalena und Sepp Dähler
Blindenau
9063 Stein
071 367 17 19
www.kabier.ch

Wer Sepp Dähler besucht, kann zusehen, wie sanft er mit seinem Vieh umgeht und wie ernst es ihm mit artgerechter Haltung, Pflege und Fütterung ist. Fleisch für Besseresser.

Henry-Dunant-Museum
Asylstrasse 2
9410 Heiden
071 891 44 04
www.dunant-museum.ch

Eine Welt ohne Krieg, ohne soziale Not. Utopie? Die Anleitung dafür findet sich in diesem Museum. Ideal für angehende Politiker.

BUCH

Mord in Wald AR
Jon Durschei

Pater Ambrosius würde jeden Schweizer Tatort-Kommissar in den Schatten stellen. Auch um seinen Erfinder Jon Durschei ranken sich geheimnisvolle Geschichten. Jedenfalls macht der Krimi «Mord in Wald AR» Appetit auf mehr.
www.orteverlag.ch

Appenzell Innerrhoden

Quöllfrisch, was denn sonst

Brauerei Locher, Appenzell

Im Buchladen

Melancholie ist Einsamkeit an einem schönen Ort. Die «Rütegg» ist ein schöner Ort, an dem der Gast melancholisch wird, sobald die Wirtin den Schlüssel im Schloss dreht.

Ist die «Rütegg» nun ein Buchladen oder eine Beiz? An einem Ort, wo der Käsefladen auf dem Brett liegt und die Bücher in der Leseecke stehen, erübrigt sich diese Frage. Essen, trinken, in Büchern schmökern, lautet hier die Devise. Irene Bosshart ist Wirtin, Köchin, Produzentin, Lektorin und administrative Leiterin in einem; ihr Partner Werner Bucher Dichter, Denker, Schriftsteller, Verleger und Geschichtenerzähler. Wenn er Lust hat, setzt er sich zu seinen Gästen, wenn nicht, geistert er im Hintergrund herum. Wer in die «Rütegg» kommt, verweilt, lehnt sich zurück, nimmt sich Zeit. Und staunt über die Vielfalt des geistigen Angebots.

Ein Ort für Dichter und Denker

Die Öffnungszeiten der «Rütegg» sind kurz, die Wirtin ist vielbeschäftigt. Es wartet das Administrative für den orte-Verlag, die eigene Literaturzeitschrift, und, und, und: Werner. Ihr Tag ist straff terminiert, der von Werner Bucher weniger. Das darf auch so sein, bei einem pensionierten Sportjournalisten und ehemaligen Kultur- und Inlandredaktor, der heute Literaturtage organisiert und Bücher schreibt. Ob der Untertitel seines vorletzten Buchs, «Die Frau, die alle Probleme löst», eine Hommage an Irene Bosshart ist, habe ich aber noch nicht herausgefunden …

Klein und fein

Das Angebot hält Irene Bosshart bewusst klein. Geräucherte Appenzeller Spezialitäten, Käse, Gerstensuppe und ihr berühmter Käsefladen müssen reichen. Tun sie auch. Einmal habe ich im «Migros Magazin» von ihrem Schlorzifladen geschwärmt, was zu Sturmläufen auf die «Rütegg» führte und Irene beinahe in die Ohnmacht trieb. Was ich damit sagen will: Fragen Sie nie nach diesem Fladen. Es gibt ihn, wenn er auf der schwarzen Schiefertafel angeboten wird. Und sonst nicht, wirklich nicht. Bücher dafür schon, die gibt es immer in Hülle und Fülle. Vor allem Krimis, in denen Pater Ambrosius brillant die helvetische Antwort auf Father Brown verkörpert. Übrigens: Zur «Rütegg» gehören auch noch Hund, Katze, Perlhühner (nein, die kann man nicht bestellen), Ziegen (die auch nicht) und der gelbgrüne Puma in Buchform. Die «Rütegg», ein Kraftort.

Dichten und Denken verursacht Durst: Irene Bosshart und Werner Bucher

Rütegg
Irene Bosshart und
Werner Bucher
Rüteggstr. 48, 9413 Oberegg
071 888 15 56
www.orteverlag.ch

Ruhetage Di bis Do.
Geöffnet Fr bis Mo von 10 bis 18 Uhr, im Sommer bis 20 Uhr.
Ideal für Dichter, Denker und Kriminologen.
Fumoir Open Air.
Frischluft Verträumter Garten.
ÖV Mit dem Bus von Oberegg bis St. Anton. Dann geht es zu Fuss weiter (ca. 30 Minuten).
PW Parkplätze bei der Kapelle St. Anton. Zur «Rütegg» besteht ein Fahrverbot.
Zu Fuss Die «Rütegg» liegt im Schnittpunkt der Wanderwege Rehetobel – Kaien – St. Anton – Oberegg – Wald und ist einfach zu finden.
Speziell Zum Wirtshaus gehört der orte-Verlag (oder umgekehrt).
Kultur Gespräche mit Werner Bucher über Spaziergänge mit dem gelbgrünen Puma.
Küche Käsefladen, Pantli (Rohwurst), Gerstensuppe.
Keller Weisswein, Rotwein und Saft (Most).
Gut zu wissen Wer in die «Rütegg» kommt, nimmt sich Zeit und hat Musse.
Preise Günstig.

Sonnenschein

«Lass den Sonnenschein herein, lass ihn rein ...» Das muss der Gast in der «Sonne» nicht singen. Sie ist schon da. Kein Wunder, bei diesem Hochsitz.

Die Nebelschwaden des Bodensees und des Rheintals machen weiter unten Halt. Bis zur «Sonne» schaffen sie es nicht. Sowieso: Blatten ohne Sonnenschein ist höchst selten und ohne das urige Gasthaus «Sonne» gar nicht vorstellbar. Es gehört zu Blatten, wie das Amen zur Kirche. Klar, die Zeichen der Zeit nagen auch an der «Sonne». Einige neue Fenster wollen nicht so recht zur Patina des Hauses passen, der Boden in der Gaststube ebenfalls nicht und die Sparlampen an der Decke schon gar nicht. Doch wer will sich schon an Details aufhalten. Die Wirtschaft besticht durch uralte Tische und Bänke, hat Ecken und Kanten, wie die Wirtin, die sich nicht als Bedienung sieht, sondern als Gastgeberin. Recht so, gut so.

Die Jungen

Als Familienbetrieb scheint die «Sonne» Zukunft zu haben. An den Wochenenden helfen Tochter Angela und Sohn Reto kompetent und mit einem Charme mit, der um einiges feiner justiert ist als der der Wirtin. Egal, die Familie macht's. Mit von der Partie ist auch Grossvater Ruedi, die gute Seele des Hauses, der seinen Gästen viele Geschichten zu erzählen weiss. Und je später es wird, desto mehr verwandeln sie sich in schaurige Legenden. Denn das heimische Ried ist nah, und «Oh, schaurig ist's, übers Moor zu gehn, wenn es wimmelt vom Heiderauche ...» Fremde sollten also nicht die Abkürzung übers Moor nehmen.

Als ob die Zeit stillstünde

Wer zur «Stobete» kommt oder die «Huusmetzgete» besucht, der weiss, warum die «Sonne» so beliebt ist. Stammgäste sind nicht nur Einheimische, sondern auch Städter aus Zürich, Bern, Luzern und Basel, die das Stück heile Welt in Blatten zu schätzen wissen. Und im Speziellen die «Metzgete» mit Rippli, Speck, Voressen, Chesselifleisch, Blut- und Leberwurst, Kotelett und Geschnetzeltem. Dazu werden Kartoffeln, Sauerkraut, Apfelmus und Apfelschnitze serviert. Nicht irgendwelche Schnitze, sondern solche von aromatischen Lederäpfeln, die heute genauso selten zu finden sind wie altehrwürdige Beizen mit Charakter. In der «Sonne» findet sich noch beides.

Einsam ist es in der «Sonne» nur an Ruhetagen

Sonne-Blatten
Beatrice Peter
Blatten
9413 Oberegg
071 891 15 85
www.sonne-blatten.ch

Ruhetage Mi und der letzte So im Monat.

Geöffnet Do bis Di ab 9 Uhr.

Ideal für Puristen und Sonnenanbeter.

Fumoir Open Air.

Frischluft Vor dem Haus unter der Linde.

ÖV Mit dem Postauto bis Blatten, dann in einer Viertelstunde zu Fuss zur «Sonne».

PW Parkplätze unterhalb des Hauses.

Zu Fuss Von Oberegg nach Blatten.

Speziell Im Sommer gibt es an zwei Sonntagen einen Früh- und an zwei Samstagen einen Dämmerschoppen.

Kultur Am ersten Sonntag des Monats wird ab 14 Uhr zur «Stobete» eingeladen.

Küche Speck, Pantli (Rohwurst), Fondue (nur im Winter), Siedwurst, Schweinssteak, Rösti.

Keller Landweine aus Wilchingen und Berneck.

Gut zu wissen Für die «Metzgete» Anfang Oktober und Mitte Januar muss frühzeitig reserviert werden.

Preise Günstig.

BEIZEN

Lerchenfeld-Hüsli
Rita und Markus Bischofberger
Hüslistrasse 3
9442 Büriswilen
071 744 12 53
Geschlossen am Do, am ersten So im Monat und dann, wenn die Wirtin keine Lust oder Zeit hat. Wer zu ihr kommen will, ruft vorher an.

Ein weiteres Relikt mit einer alterslosen Gastgeberin. Das Angebot ist Nebensache, hier eine Flasche zu köpfen und die Atmosphäre zu erleben reicht. Den gekochten Speck sollte man sich aber nicht entgehen lassen.

Wirtshaus Warth
Mina und Albert Hehli-Inauen
Triebern
9057 Weissbad
071 799 11 47
www.warth-ai.ch
Mi geschlossen.

Urtümlich und eigenwillig. Jeden letzten Samstag im Monat findet das «Ratzliedli-Singe» statt. Details seien nicht verraten, dafür zwei kulinarische Daten: Jeweils am zweiten Wochenende im Oktober (Schwein) bzw. November (Lamm) wird eine opulente «Metzgete» aufgetischt.

BETTEN

Berggasthaus Mesmer
Monika und Bruno Hehli-Räss
9057 Wasserauen
071 799 12 55
www.mesmer-ai.ch
Geöffnet von Juni bis Oktober.

Die Anreise erfordert etwas Ausdauer, umso mehr wird man den kleinen Familienbetrieb auf der Alp schätzen und lieben lernen. Hervorzuheben gilt es die komfortablen Gästezimmer und die gute Küche von Bruno Hehli.

BESUCHEN

Holzofenbäckerei Jakober
Beatrice und Christoph Züst
Haslenstrasse 13
9050 Appenzell
071 788 20 20
www.jakoberbiobeck.ch

Keine Hausbäckerei, eher ein erfolgreiches KMU. «Jakober» hat Stammkunden in der ganzen Schweiz. Wen das misstrauisch stimmt, irrt. Alles wird in Handarbeit erstklassig produziert. Für das Birnenbrot besteht Kaufpflicht!

Metzgerei Fässler
Franz und Margrit Fässler
Rinkenbach 33
9050 Appenzell
071 787 18 73
www.metzgerei-faessler.ch

Rauchschinken, Mostbröckli und Schwartenmagen sind meine Favoriten. Kaufen, essen, sinnieren – und beten, dass uns solche exzellente Metzgereien noch lange erhalten bleiben.

Kunsthalle Ziegelhütte
Ziegeleistrasse 14
9050 Appenzell
071 788 18 60
kunsthalleziegelhuette.ch

Das Museum setzt sich mit der Kunst des 20. Jahrhunderts, der Gegenwart sowie der klassischen und zeitgenössischen Musik auseinander. Die «Ziegelhütte» kann für private Anlässe gemietet werden.

BUCH

Urwaldhus, Tierhag, Ochsenhütte & Co.

Werner Bucher ist mit seinen Mitstreitern zu den urtümlichsten Beizen der Ostschweiz gewandert und hat ihre Gastgeber porträtiert. Gemeinsam haben sie eine Liebeserklärung der besonderen Art verfasst. Kompliment!
www.orteverlag.ch

Basel-Landschaft

Politisch höchst unkorrekt: Mohrenkopf

Othmar Richterich, Laufen

Blau machen…

… wo geht das besser als im «Bad»? Unter Bäumen an roten Blechtischen, im Hintergrund ein Kuhstall, ein Lüftchen da, eine Stange «Kronenbourg» dort…

Das «Gasthaus zum Bad» in Schönenbuch liegt direkt an der Grenze zum elsässischen Sundgau und ist eines jener seltenen Lokale in der Schweiz, deren Gastgeber Kontinuität zeigen. Nicht bloss während Jahren, sondern seit einem Vierteljahrhundert. Dabei wollten Jacqueline Lévy und Michael Matter bereits kurz nach der Eröffnung den Bettel wieder hinschmeissen. Und noch heute kommt bei ihnen manchmal die Lust auf, dem «Bad»-Alltag zu entfliehen. Doch solange es nur bei der Lust bleibt… Das «Bad» ist eine wundervolle Landbeiz, die mit einem Sammelsurium alter Möbel stilvoll und luftig-leicht eingerichtet ist.

Ungeeignet für Dandys der Küche

Michael Matter hat in all den Jahren die zahlreichen Kochtrends ignoriert und seine eigene Kochkunst gehegt und gepflegt. Für kulinarische Szenegänger mag dies langweilig sein, für mich zeugt es von Selbstbewusstsein und Qualitätsdenken. Ebenso gut versteht es Jacqueline Lévy, ihr eingespieltes Serviceteam bei Laune zu halten, so dass man als Gast, egal wann, herzlich empfangen und professionell betreut wird. Das «Bad» ist eine unkomplizierte Adresse mit Charakter. Hier einen Sonntag genussvoll zu vertrödeln, ist eine gute Idee.

Kalbskopf ja, Schafskopf nein

Serviert werden vor allem Klassiker, die schmecken: knusprige Mistkratzer mit Saisongemüse, Kalbskopf an Vinaigrette, gebratene Schweinsohren, geschmorter Ochsenschwanz – nur der Schafskopf, der ist zumindest für mich gewöhnungsbedürftig. Grosses Kino sind Michael Matters Schmorgerichte, die Innereien und vor allem die Fischmenüs. Und trotz aller Fleisch- und Fischlust, die im «Bad» zelebriert wird, fühlt sich auch der Vegetarier ernst genommen. Er wird nicht mit verkochtem Gemüse beleidigt, sondern mit spannenden Gerichten überrascht. Auf der Weinkarte finden sich vorwiegend Franzosen, Italiener, Spanier und ein paar Schweizer, durchwegs opulente Säfte mit bekannten Namen. Paris, Genf? Nein, danke! Ich mache blau im «Bad»!

Nicht in Damast ertränkt: Im «Bad» hat der nackte Holztisch überlebt

Gasthaus zum Bad
Jacqueline Lévy und
Michael Matter
Brunngasse 2
4124 Schönenbuch
061 481 13 63

Ruhetage Do ganzer Tag und Fr bis 16 Uhr.

Geöffnet Fr ab 16 Uhr, Sa bis Mi ab 11 Uhr.

Ideal für Entdecker, Grenzgänger, Naturmenschen, passionierte Beizengänger und Künstler aller Art.

Fumoir Open Air.

Frischluft Kleine Gartenterrasse unter den Bäumen und am Haus.

ÖV Mit der BVB-Buslinie 33 bis vor die Haustür.

PW Parkplätze neben dem Haus.

Zu Fuss Von Allschwil durch das südliche Elsass auf verwunschenen Waldwegen nach Schönenbuch.

Speziell Das Menü Surprise hält sich seit 25 Jahren.

Kultur Der Kunstszene zusehen, wer sie ist und wie sie isst. Wem das zu langweilig ist, der pilgert in einer halben Stunde über die grüne Grenze zur Kirche St. Peter und Paul nach Hagenthal-le-Bas (F).

Küche Kalbskopf, Rindsragout, Braten, diverse Süsswasser- und Meeresfische, kreative vegetarische Gerichte und eine Salatplatte der speziellen Art.

Keller Lokale Weine, gemischt mit Provenienzen aus Graubünden, dem Tessin, Frankreich, Spanien und Italien.

Gut zu wissen Neben der romantischen Gartenterrasse steht des Bauers Stall. Trotz gewissen Düftchen ist sie häufig ausgebucht. Reservieren tut not.

Preise Mittel.

Einmal Bluthund, bitte!

In Arlesheim hält der Basler «Daig» Hof, die Rudolf-Steiner-Jünger eurhythmieren, und die Einheimischen sinnieren, ihr ArliBrau trinkend, über «Daig» und Jünger.

Das Flaggschiff in Arlesheim ist der «Gasthof zum Ochsen», der in den Achtzigerjahren von seinen Besitzern, der Familie Jenzer, etwas zu viel des Guten renoviert wurde. Seit jeher wird hier das Fleisch aus der hauseigenen Metzgerei serviert, das Küchenchef Ralph Schafferer gekonnt verarbeitet. Für Vegetarier werden kleine Brötchen gebacken. Deren Oase liegt im «Vital Speisehaus» am Fusse des Goetheanums in Dornach. Im «Ochsen» halten sich Edelstücke mit Ochsenschwanz, Bluthund und Co. die Waage. Richtig so. Alles von exzellenter Qualität – da wollen die Aufbackbrötchen nicht so recht ins kulinarische Bild passen.

Pst! Noch ein Bluthund!

Hunde werden im «Ochsen» keine serviert, eine überdimensionierte Blutwurst aber schon. Der «Bluthund» eben. Er wird traditionell im November zur «Edelmetzgete» aufgetragen. Dann treffen sich Dorfbewohner und Auswärtige an langen Tischen, palavern, trinken und schlemmen. Noch zu Beginn des 20. Jahrhunderts war es in der Schweiz Usus, dass Metzgerei und Gasthaus im Besitz derselben Familie waren. Oft wurden die Betriebe von zwei Brüdern geführt. Bis 2010 war das im «Ochsen» nicht anders, doch dann zog es Daniel Jenzer nach Basel in die «Wanderruh». Die Geschicke in Arlesheim leitet nun der diskret agierende Geschäftsführer Beat Elsener, am Herd steht nach wie vor Küchenchef Ralph Schafferer, dem ich mehr Kochfreiheit geben und weniger Vorschriften machen würde.

Paradies für Fleischtiger

Zum Essen: Carpaccio von geräuchertem Rindsfilet, Salsiccia tradizionale vom Grill, Entenbrust mit Ochsenjus und Kräuterpolenta, Brasato al Barolo mit Kartoffelpüree. Vorbildlich, dass das verwendete Vieh aus artgerechter Haltung stammt. Kein blosses Lippenbekenntnis, kein theoretisches Blabla, sondern die sympathische, täglich umgesetzte Geschäftsphilosophie von Metzgermeister Christoph Jenzer. Fazit: Im «Ochsen» wird eine herzhafte, sorgfältig zubereitete Küche zelebriert. Nachschlag inklusive. Einzig die Industriefritten passen (nebst den Industriebrötchen) nicht zum Qualitätsdenken des Hauses. Ich denke, die Zeit ist reif für knuspriges Bauernbrot und Pommes allumettes «faites maison». Oder?

Der Bluthund ist erlegt – der Gast stimmt ein ins Halali!

Gasthof zum Ochsen
Ermitagestrasse 16
4144 Arlesheim
061 706 52 00
www.ochsen.ch

Ruhetage Keine.
Geöffnet Täglich mittags und abends.
Ideal für La Bourgeoisie, Parteigänger, Hochzeiter und Fleischtiger.
Fumoir Open Air.
Frischluft Der «Ochsen» hat seit Sommer 2010 eine Gartenterrasse mit Blick auf das Dorfgeschehen.
ÖV Mit der BLT-Tramlinie 10 nach Arlesheim-Dorf.
PW Parkplätze im Dorf.
Zu Fuss Von Dornach via Goetheanum nach Arlesheim oder als sportlicher Appetitanreger eine Flanierrunde in der wunderschönen Ermitage.
Speziell Der «Ochsen» gehört zu Arlesheim wie das Goetheanum zu Dornach. Nur steht er schon länger da.
Kultur Themenabende.
Küche Tatar, Kalbskopf, Wienerschnitzel, Lammrücken, Kalbsleber, Entrecote und ab und zu Jakobsmuscheln.
Keller Italien, Frankreich und die Schweiz. Vorwiegend schwere Säfte. Und einige leichte Weine aus Arlesheim.
Gut zu wissen Für Vegetarier ungeeignet.
Preise Mittel.

BEIZEN

Kurhaus Abendsmatt
Abendsmatt 14
4432 Lampenberg
061 951 10 24
Mo bis Sa von 14 bis 18 Uhr geöffnet.

Kuchen, Speck, Wurst, Omelette und Co. gibt es in der gemütlichen Bauernstube. Dazu ein Wintersinger Blauburgunder aus dem Keller. Ruhige Momente für Alltagsmüde.

Restaurant Höfli
Schauenburgerstrasse 1
4133 Pratteln
061 821 32 40
www.hoefli-pratteln.ch
Di bis Sa mittags und abends ab 18 Uhr geöffnet.

Roberto Meier ist seit Mai 2011 der Patron im «Höfli». Im Augenblick ist die Küche der Beiz noch ein roher Diamant. Gut wird's!

BETTEN

Villa Burggarten Bed & Breakfast
Yvonne und Eric Rütsche
Gartenstrasse 2
4410 Liestal
061 922 21 73
www.villaburggarten.ch

Neueröffnung nach grösserem Umbau im August 2012! Bleibt zu hoffen, dass der charmante Stil des Hauses erhalten bleibt. Bis anhin war die Villa die sympathische Alternative zu jedem Hotel in der Nordwestschweiz.

BESUCHEN

Feinbäckerei Müller
Theo Müller
Hauptstrasse 53
4104 Oberwil
061 401 35 35
www.feinbaeckerei-mueller.ch

Sein Nussgipfel ist Kult, sein Laugenbengel und sein Bierring sowieso, die «siesse Waie» (süsse Wähe) erst recht. Die gibt es allerdings nur freitags.

Mini-Märt
Christoph Studinger
Kirchgasse 23
4105 Biel-Benken
061 721 13 18
Mi Nachmittag geschlossen.

Am Samstag wird der Laden gestürmt. Christoph Studinger ist berühmt für seine Käseauswahl und für seine feine, dezidierte Palette an kulinarischen Alltags- und Edelprodukten, beispielsweise Cidre aus der Bretagne, Sirups von Altmeister Mathias Wirth aus Bern, Konfitüren und Salzen aus ganz Europa.

Eigenhof
Hanny Gschwind
4106 Therwil
061 721 11 48
Fr von 13 bis 18 Uhr.

Eigene Teigwarenproduktion, Löwenzahnhonig, Konfitüren und andere schöne Dinge.

wein feer
Martin Feer
Emil-Frey-Strasse 81a
4142 Münchenstein
061 411 11 38
www.wein-feer.ch

Weine für Anderstrinker. Kein offizieller Verkaufsladen. Immer vorher anrufen.

Dichter- und Stadtmuseum
Rathausstrasse 30
4410 Liestal
061 923 70 15
www.dichtermuseum.ch

Museum, Antiquariat und eine Kaffee-Ecke für Tratsch und Klatsch.

BUCH

Galgenvögel am Strick
Markus Ramseier

Ein Buch über kriminelle Ereignisse und ihre Spuren in Flurnamen im Baselbieter Heimatbuch 2005.
www.markusramseier.ch

Basel-Stadt

Zipfelsuche: Original Bell-Würstli isst die Welt beim 70-jährigen Enkel des Erfinders

Restaurant Fuchsenhöhle, Solothurn

Im Konsum

Es ist ein Kommen und Gehen im «Consum». Ohne Einkaufskorb, dafür mit Lust auf Wein, Wurst und Käse. Reservieren geht nicht, wer früh kommt, sitzt in der ersten Reihe.

Fast alles, was in Basel einst «Konsum» hiess, heisst heute Coop. Ein «Consum» tanzt aus der Reihe, will kein Laden sein, sondern eine Weinbar – täglich ab 17 Uhr. Die Idee stammt von Franz-Xaver Leonhardt und Andi Steiner, deren Hotel «Krafft» die Rheinpromenade schmückt. Ihr zweitjüngstes Kind (das jüngste ist die Übernahme des Hotels «Greulich» in Zürich), die Weinbar «Consum», präsentiert sich gegenüber der Rückenfassade ihres Hotels, mitten in der Rheingasse. Kaum geöffnet, läuft der Laden auf Hochtouren. Warum? Das «Consum» ist chic, ohne zu protzen, gemütlich und urban zugleich. Das Angebot besticht durch Qualität, ausgerichtet auf den kleinen Appetit und den grossen Durst. Voilà.

Auf Augenhöhe mit der Berkel

Alles passt zusammen. Auch das mechanische Kunstwerk hinter dem Tresen, die rote Berkel. Die nicht mehr produzierte Wurstschneidemaschine ist heute Kult und mehr Skulptur als Werkzeug. Zipp, zipp – der Rohschinken wird klangvoll aufgeschnitten und stilvoll serviert. Dazu gibt es Chutney und «Gschwellti». Wer keine Lust auf Fleisch hat, muss entweder Vegetarier oder vom Käseangebot noch überzeugter sein. Übrigens: Kombinieren geht auch.

Bier von hier

Wenn schon in der Weinbar ein Bier trinken, dann eines von hier. Und was drängt sich in der Rheingasse geradezu auf? Richtig: Das Ueli Bier, das einige Meter weiter in der «Fischerstube» gebraut wird. Keine Hopfendelikatesse wie etwa das piemontesische Baladin aus Piozzo, dafür ein reelles Bier mit mehr Charakter als eines von Feldschlösschen und Co. Fazit: Der Laden läuft, die Korken knallen, das Bier schäumt. Und ab und zu wird für den Gast ein Cocktail gerührt oder geschüttelt. Kurz, das «Consum» ist eine pulsierende Begegnungsstätte. Und obwohl die Preise von einem gesunden Selbstbewusstsein der Macher zeugen und das Glas Wein schon mal gegen zehn Franken kostet, entsteht nicht das Gefühl, zu viel bezahlt zu haben.

Wien, Turin, Rom, Paris? Nein, Basel!

Consum
Franz-Xaver Leonhardt
und Andi Steiner
Rheingasse 19
4058 Basel
061 690 91 35
www.consumbasel.ch

Ruhetage Keine.
Geöffnet Täglich ab 17 Uhr.
Ideal für Überhocker, Romantiker, Nachtschwärmer und Weintrinker.
Fumoir Open Air.
Frischluft Einige Stühle auf der Rheingasse.
ÖV Mit Tram oder Bus bis zur Haltestelle Rheingasse oder mit der Münsterfähre über den Rhein. Schwimmen geht auch.
PW In den nahen Parkhäusern der Innenstadt.
Zu Fuss Der Rheinpromenade entlang.
Speziell Ab 3 dl wird jede Flasche kredenzt. Fast. Raritäten muss der Gast ganz austrinken und bezahlen.
Kultur Klatsch, Tratsch und freundliche Gespräche mit den Tischnachbarn.
Küche Alpkäse, sardischer Rohschinken, Salamispezialitäten und diverse andere appetitliche Köstlichkeiten.
Keller Grosse Namen aus Frankreich, Italien und Spanien, Flaschen von regionalen Winzern sowie einige Spezialitäten aus Österreich und Deutschland.
Gut zu wissen Reservieren ist nicht möglich. Wer keinen Platz zum Sitzen hat, der steht am Glas nippend herum oder schaut später wieder herein. Wer um 17 Uhr kommt, sitzt in der ersten Reihe.
Preise Mittel bis gehoben.

Englisch für Anfänger

Briten können nicht kochen. Schon gar nicht Lamm, das sie in Minze ertränken. Der ehemalige Flugzeugmechaniker Martin Pont beweist in Basel das Gegenteil. Of course …

Martin Pont ist zwar ausgebildeter Flugzeugmechaniker, er hat sich aber während acht Jahren als talentierter Koch in den Trendschuppen Londons die Sporen abverdient, bevor er in Basel landete. Hier sorgte er im «Schiff» mit dem Neuseeländer Chris Jellie für Furore, später im «Johann» mit dem Schotten Gerry Mac Laughlin. Heute steht Pont im «Gundeldingerhof» am Herd, in einem urbanen, schönen Bistro. Um es gleich vorwegzunehmen: Im «Gundeldingerhof» vermisse ich seine einfachen Kompositionen aus dem «Johann», die für mich diesen ganz speziellen britischen Touch hatten, frei von jeglichem Firlefanz. Wünschen würde ich mir wieder einmal seine Foie gras mit Peas, die Hühnerleber-Paté, das karamellisierte Schwein samt den mit Ingwer parfümierten Apfelschnitzen, die Pastinakensuppe mit Wachtelbrust oder den besten Bread-and-Butter-Pudding ausserhalb des Vereinigten Königreichs. Heute kocht Martin Pont kreativer, aufwendiger – doch angepasster, übersieht man die ovalen und rechteckigen Teller. Ich persönlich mag runde Teller, bei denen mittendrin das Essen ins Auge sticht. Geschmacksache!

Rosenwasser auf der Zunge

Zur aktuellen und vorzüglichen Küche: Kabeljau mit Beluga-Linsen, Boudin aus Foie gras und Huhn, Hirschentrecote mit Portweinsauce oder Rosenwasser-Panna-Cotta mit weisser Schokolade und Quittenpraline – das Ganze gefällt! Selbst Gault Millau sieht das mittlerweile so, die in der Ausgabe 2012 nichts mehr zu hüsteln haben. Na ja, fast nichts. Zu laut sei es, schreiben sie. Nun, wo lustvoll getafelt und lebensfroh schnabuliert wird, gehören fröhliche Menschen und ein entsprechender Lärmpegel dazu. Oder?

Der perfekte Service

Betreut werden die Gäste von Mitinhaberin Jsabelle Heudorf, die empfiehlt, serviert, Weine kredenzt und lächelnd neugierige Fragen beantwortet. Fazit: Der «Gundeldingerhof» macht Freude. Und die Hoffnung auf etwas mehr «British way of life» stirbt zuletzt. Zumindest bei mir und jenen Gästen, die Lamm mit Minze zu schätzen wissen.

Feine Tischkultur mit Qualität statt Allüren

Gundeldingerhof
Martin Pont und
Jsabelle Heudorf
Hochstrasse 56
4053 Basel
061 361 69 09
www.gundeldingerhof.ch

Ruhetage So und Mo.
Geöffnet Di bis Fr mittags und abends, Sa ab 18 Uhr.
Ideal für Anglophile, Genussmenschen und Schöngeister.
Fumoir Open Air.
Frischluft Kleiner Freisitz mit Blick auf Nachbars Balkon.
ÖV Mit den Tramlinien 15 oder 16 bis Tellplatz.
PW Parkplätze im Quartier oder im SBB-Bahnhofs-Parkhaus.
Zu Fuss Durch das Gundeldingerquartier.
Speziell Unkomplizierte, angenehme Bistro-Atmosphäre.
Kultur Themenabende.
Küche Topinambursuppe mit Jakobsmuschel, Wolfsbarsch auf warmem Salade Niçoise, Black Angusrind mit Speck und grünem Spargel.
Keller Die Weine werden von Felix Liechti von der «l'enoteca Liechti Weine» zusammengestellt. Alles, was in Italien Rang und Namen hat, ist vorhanden. Hinzu kommen diverse Flaschen grosser Tessiner Winzer und Weine aus Deutschland und Österreich.
Gut zu wissen Eine Reservation ist von Vorteil. Unspektakuläre, angenehme Atmosphäre, freundlicher Service, kompetente Beratung durch Mitinhaberin Jsabelle Heudorf.
Preise Mittel bis gehoben.

BEIZEN

Zur Mägd
Adriano Giordano
St. Johanns-Vorstadt 29
4056 Basel
061 281 50 10
www.zurmaegd.ch
So und Mo geschlossen.

Delikate Kutteln und gefüllte Tintenfische.

Rufacherhof
Elisabeth Vallazza
Colmarerstrasse 88
4055 Basel
061 301 35 77
Täglich ab 10 Uhr geöffnet.

Im Winter gibt's Raclette, im Sommer Wurstsalat. Raucher dürfen hier noch gemeinsam mit Nichtrauchern ein Bier trinken. Der dafür erforderliche jährliche Mitgliederbeitrag beträgt 10 Franken. Das Ganze hat aber nichts mit den in die Schlagzeilen gekommenen Basler Fumoir-Beizen zu tun.

Veronica
Hugo Buser
St. Alban-Rheinweg 195
4052 Basel
061 311 25 75
www.msveronica.ch
Von Mitte April bis Mitte September geöffnet.

Hugo Buser hat das puritanische «Rhybadhüsli» in eine lustvolle Wohlfühloase verwandelt, in der leicht und saisonal gekocht wird.

BETTEN

Hotel Krafft
Rheingasse 12
4058 Basel
061 690 91 30
www.hotelkrafft.ch

Zahlbar, hell, geräumig. Einige Zimmer mit Traumblick auf den Rhein.

BESUCHEN

Käsespezialitäten
Alex Wirth
Colmarerstrasse 10
4055 Basel
061 381 85 95
www.kaese-spezialitaeten.ch
Mo bis Sa ab 7:30 Uhr geöffnet, über Mittag geschlossen. Sa durchgehend bis 16 Uhr, im Sommer bis 13 Uhr.

Früher pilgerte «tout Bâle» ins Sundgau zu Maître Antony, heute geht man ins Quartier zu Alex Wirth. In der Saison gibt's Buttenmost, stets vorhanden sind das Käppelijoch-Bier vom Nachbarn und diverse andere bekömmliche Spezialitäten.

Küchenfenster
Madeleine Ramseier
Rheingasse 23
4058 Basel
061 681 40 74
www.kuechenfenster.info
Di bis Sa ab 10 Uhr geöffnet.

Kupferpfannen, Le Creuset und Co. – hier schlägt das Herz eines jeden Hobbykochs höher. Einfach nur stöbern geht auch.

Tod zu Basel
Sammlung Friedhof am Hörnli
Hörnliallee 70
4125 Riehen
061 601 50 68
Jeden 1. und 3. Sonntag im Monat von 10 bis 16 Uhr.

Probeliegen? Wohl kaum, dafür gibt es Antworten zu Tod und Bestattung.

BUCH

Kommissar Hunkeler
Hansjörg Schneider ist nicht nur Schriftsteller, sondern auch Beizengänger. Keiner seiner Kriminalromane kommt ohne Wirtshaus aus. Eine einfache Oase befindet sich kurz nach der Grenze:
Restaurant Scholler
6, rue Bâle
F-68220 Knœringue
0033 389 68 61 52
Mo und Do geschlossen.

Bern

Reingelegt: Essigzwetschgen

Restaurant Zum Wilden Mann, Ferrenberg/Rüedisbach

Auf Du und Du mit Gotthelf

Im «Wilden Mann» einkehren ist Gotthelf lesen. Genauso muss es gewesen sein – damals. Folklore, Schwartenwurst und Essigzwetschgen. Alles echt.

Genügsam und stur sollen sie sein, die Emmentaler. Dickschädel sind mir zwar keine begegnet, Eigenbrötler schon, vor allem aber weltoffene Menschen mit dem Sinn für das Wesentliche. So auch im «Wilden Mann» bei Christine Friedli und Patrick Theiler. Statt über das Rauchverbot zu jammern, haben sie das wohl schönste Fumoir des Kantons installiert: in einem alten Zirkuswagen mit Kronleuchter, Bollerofen und Eisensofa. Wer «cis tubäkle» will (oder muss), kann dies zivilisiert tun, ohne zu erfrieren. Sowieso: Der ganze Ort ist eine Oase, mit Garten und separater Sommerbeiz. Sommerbeiz? Die steht auf dem Hausberg Oberbüehlchnubel und wird in der wärmeren Jahreszeit für Veranstaltungen genutzt oder mit Bewirtung vermietet. Zu Fuss geht es den Hügel hinauf, das Essen kommt mit dem 4x4 nach. Einmal angekommen, fasziniert der Blick auf Jura, Alpen und Emmental, bevor es an langen Tischen unter den Bäumen oder in der Stube zur Sache geht.

Die etwas andere «Stubete»

Zweimal im Jahr brummt es im «Wilden Mann» gewaltig. Dann, wenn an der «Stubete» moderne Folklore gepaart mit lokaler, traditioneller Musik gespielt wird. Da geben sich Folkgrössen wie Doppelbock, Pflanzplätz oder Christine Lauterburg ein Stelldichein, oft bis in die frühen Morgenstunden. Mit von der Partie ist immer auch die gute Seele des Hauses, die über achtzigjährige Ida Friedli, die nichts von Alter und Schlaf wissen will. Das Leben findet in der Gaststube statt und nicht im Schlafzimmer. Genau.

Znüni näh!

Im «Wilden Mann» essen Stammgäste zum Znüni Rösti mit Speck, zum Zvieri Rauchwurst mit Essigzwetschgen und zwischendurch trinken sie Kaffee mit Kirsch. Und sonst? Am Mittag lockt das Kotelett, am Abend die Hamme (Beinschinken), im Januar (und nur dann) die Schwartenwurst, im Februar die «Metzgete» und immer wieder die Meringue. Ab und zu wird ein Braten in den Ofen geschoben oder die Berner Platte zelebriert. Innovativ ist die Küche nicht, muss sie hier auch gar nicht sein. Dafür ist sie ein sicherer Wert, der Freude macht.

Nicht nur die Aussicht ist schön: Christine Friedli

Zum Wilden Mann
Familie Friedli und
Patrick Theiler
Ferrenberg bei Wynigen
3474 Rüedisbach
034 415 11 61
www.wilde-maa.ch

Ruhetage Di und Mi.
Geöffnet Do bis Mo ab 10 Uhr.
Ideal für Romantiker, Gotthelfjünger und Genussraucher.
Fumoir Im Winter in einem alten Zirkuswagen, im Sommer im Garten.
Frischluft Kleiner Garten hinter dem Haus oder in der Sommerbeiz auf dem Hausberg Oberbüehlchnubel.
ÖV Nur bedingt. Mit der Bahn bis Wynigen.
PW Parkplätze neben dem Haus.
Zu Fuss Es warten diverse ausgeschilderte Wanderwege.
Speziell Der «Wilde Mann» verfügt über einen Festsaal für 100 Personen. Dort werden auch Theaterstücke aufgeführt. Auf dem Oberbüehlchnubel können 15 bis 50 Personen die Sommerbeiz mit Bewirtung mieten. Einmal im Jahr finden hier ein Vollmondfondue und eine unprätentiöse 1.-August-Feier statt.
Kultur Lesungen, Folklore, Musik, Theater. Pedro Lenz und Bänz Friedli waren auch schon hier.
Küche Rösti, Bauernbratwurst, Kotelett, Hamme (Beinschinken), in der Saison Ramsen- und Schwartenwurst.
Keller Pinot noir und Chasselas aus Schernelz/Ligerz.
Gut zu wissen Am Wochenende ist eine Reservation Pflicht. Wer es ruhiger mag, kommt unter der Woche.
Preise Günstig.

Biologischer Jugendstil

Im Gasthaus «Bäregghöhe» steht Bio im Zentrum. Spannend, unsektiererisch und mit einem «Anke» zum Frühstück, der diesen Namen noch verdient.

Ab und zu hört der Sommerfrischler tief aus dem Tal ein Brummen von der Strasse, die das Emmental mit dem Entlebuch verbindet. Vornehmlich dann, wenn die Vogelschar Singpause hat. Egal. Auf solch einer schönen, plastikfreien Terrasse erträgt jeder ein paar Motorengeräusche. Gebrummt hat es 2000 auch bei Marianne Kühni und Thomas Linder. Sie wagten den Schritt und kauften die «Bäregghöhe» oberhalb von Trubschachen. Gegen alle Widerstände. Zu stark war ihr Wille, das Gasthaus zu renovieren und zu betreiben. Heute zeigt sich die «Bäregghöhe» aus dem Jahr 1910 in ihrem alten Glanz. Ziemlich originalgetreu und doch nicht museal. Den Gastgebern sei Dank, die mit Innovation, Herzblut (und Geld) ihr Ziel erreicht haben. Der Laden läuft. Kein Wunder: Die «Bäregghöhe» überzeugt inmitten der Natur durch saisonale Bioküche, das exzellente Frühstück und die gut sortierte Weinkarte.

Weine mit Charakter

In diesem entspannten Umfeld einen Riesling Spätlese Brauneberger Juffer-Sonnenuhr zu trinken, hat schon was. Kredenzt werden auch einheimische Weine, Provenienzen von exzellenten Winzern aus dem Seeland, Wallis, Tessin und der Ostschweiz. Alles Weine, die durch Tiefgang überzeugen und weit weg vom Einheitsgeschmack gängiger Alltagsweine sind.

Kleine Zimmer, weiche Kopfkissen

Fünf Zimmer mit Charme, ein gemütlicher Aufenthaltsraum und zwei Nasszellen auf dem Gang offerieren die Möglichkeit, sich ausgiebiger mit den Flaschen auseinanderzusetzen. Oder mit den Wanderwegen rund ums Haus, die in eine intakte Flora und Fauna führen. Und für den seelischen Balsam nach dem Essen wären da noch die Schnäpse von Walter Kramer. Ein Destillateur notabene, der Schnäpse brennt und nicht Flaschen designt. Begehrt sind auch die literarischen Abende mit Emmentaler Spuk- und Krimigeschichten. Spannung für Geist und Seele ist garantiert: Ums Haus pfeift der Wind, schleicht die Katz, singt der Kauz, in der Küche ein Schrei oder so… Wie auch immer, es ist für alle und alles gesorgt.

Saniert, aber nicht überrenoviert: der Speisesaal in Reinkultur

Gasthaus Bäregghöhe
Marianne Kühni und Thomas Linder
Bäregghöhe
3555 Trubschachen
034 495 70 00
www.baeregghoehe.ch

Ruhetage Mo und Di.
Geöffnet Mi bis So ab 10 Uhr.
Ideal für Romantiker, Vegetarier, Jugendstil- und Biofreunde.
Fumoir Open Air.
Frischluft Wunderschöne, stilvoll eingerichtete Terrasse.
ÖV Nur bedingt. Mit der Bahn bis Trubschachen.
PW Parkplätze neben dem Haus.
Zu Fuss Es warten diverse ausgeschilderte Wander- und Rundwege.
Speziell Die «Bäregghöhe» ist ein authentischer Ort. Ideal, um länger zu verweilen und auszuspannen. Fünf kleine Zimmer mit fliessendem Wasser, die man in Originalgrösse belassen hat. Um über den Flur zu den Nasszellen zu gelangen, stehen Hausschuhe und Bademäntel zur Verfügung.
Kultur Lesungen, Musik, Vollmondabende.
Küche Schmorgerichte, vegetarische Fantasien (der herkömmliche Gemüseteller hat Hausverbot), das meiste in Bioqualität.
Keller Intelligent zusammengestellte Weinkarte mit exzellenten Tropfen aus der Schweiz und den Nachbarländern.
Gut zu wissen An den Wochenenden ist eine längerfristige Reservation Pflicht, vornehmlich für die beliebten Gästezimmer.
Preise Mittel.

BEIZEN

Bergrestaurant Wasserngrat
Nik und Simon Buchs
3780 Gstaad
033 744 96 22
www.wasserngrat.ch
Saisonaler Betrieb von Dezember bis März und im August. Täglich geöffnet von 9:30 bis 16:30 Uhr. Zum Berghaus führt ein Sessellift.

Nik Buchs kocht wie er denkt: Gradlinig. Er ist heimatverbunden und doch urban. Bei ihm treffen lokale Produkte auf Trüffeln und Co. Fazit: Hier oben ist man dem Paradies sehr nahe.

Gasthof zum Brunnen
Brigitte und Alex Rufibach
Bernstrasse 6
3312 Fraubrunnen
031 767 72 16
www.suuremocke.ch
Mo und Di geschlossen.

Alex Rufibach kocht ganze Stücke von Gitzi, Lamm, Hecht, Schwein, Rind und mehr. Im Sommer auf seiner Laube zu tafeln ist beste Therapie gegen jeglichen Alltagsstress.

BETTEN

Hotel Rosenlaui
Andreas und Christine Kehrli-Moser
3860 Rosenlaui
033 971 29 12
www.rosenlaui.ch
Saisonaler Betrieb von Mai bis Oktober.

Ich empfehle die stilvollen Zimmer aus der Belle Époque mit Balkon. Zimmerpreis inklusive Frühstück und Abendessen (Vier-Gang-Menü). Das Ganze besticht durch Patina und eine gute Küche.

Rebhaus Les Wouechettes
Verena Aeschbacher
Charrière 40, Schernelz
2514 Ligerz
032 315 14 58
www.bieler-see.ch

B&B mitten in den Rebbergen mit Traumblick auf den Bielersee.

BESUCHEN

Brennerei Kramer
Walter Kramer
Niederdorf 7
3412 Heimiswil
034 422 73 19
www.brennerei-kramer.ch

Wundervolle Destillate.

Burgdorfer Bier
Wynigenstrasse 13
3401 Burgdorf
034 423 13 64
www.burgdorferbier.ch

Der Tag geht, «Franz Schnyder» kommt. Ein Spezialbier der Extraklasse.

Lehmann's Metzgerei
Daniel Lehmann
Neufeldstrasse 32
3012 Bern
Metzgerei: 031 302 50 50
Restaurant: 031 301 68 60
www.lehmann-s.ch

Daniel Lehmann ist ein Könner seines Fachs, hinzu kommt eine kleine Beiz. Lust auf ein Metzgerfrühstück? Von Mo bis Fr geht's ab 8 Uhr los, am Sa von 9 bis 14 Uhr.

Kulturmühle Lützelflüh
Mühlegasse 29
3432 Lützelflüh
034 461 36 23
www.kulturmuehle.ch

Das Programm: Klein, fein, überraschend. Das Haus kann für Anlässe gemietet werden.

BÜCHER

Sagenhaftes Emmental
Fritz von Gunten
100 Sagen, 100 Tatorte.

Mordsspaziergänge
Dominique Strebel und Patrik Wülser
Kriminalliterarische Wanderungen im Kanton Bern.

Freiburg

Aufgegabelt: Vacherin pur

Buvette Les Mongerons, Epagny

So ein Käse!

Die Milch von den eigenen Kühen, das ganze Prozedere über dem Holzfeuer. So war es, so ist es, und so wird es immer bleiben. Wovon die Rede ist? Von Käse.

«Käse schliesst den Magen», sagen die Franzosen. Dennoch essen sie ihren Käse vor dem Dessert, was die Briten erstaunt, die ihren Magen nach wie vor mit Käse schliessen. Gar nichts von alledem wollen die Freiburger wissen. Sie beginnen mit Käse und hören mit Käse auf. Am liebsten essen sie ihn auf dem Berg. Nicht aus dem Rucksack, sondern in einer Buvette, von denen es im Freiburgerland auf jeder Alp und hinter jedem Bergkamm eine gibt.

Madame Christine – ein achtzigjähriger Jungbrunnen

Eine Buvette, die es mir angetan hat, ist die Buvette «Les Mongerons», die man zu Fuss von Pringy aus in einer guten halben Stunde erreicht. Ambitionierte Spaziergänger hängen eine Extraschlaufe dran, Kampfwanderer durchqueren zuerst den Moléson. Mir reicht der kurze Aufstieg mit Blick auf Schloss Gruyères. Viel wichtiger als der Blick ist mir aber die Küche von Christine Grangier, die in der unscheinbaren, kitschfreien Buvette mit Herrgottswinkel und Bollerofen über dem offenen Feuer kocht. Durch die archaische Küche geht's zur Gaststube, in der Odile und Marcel Pharisa die Spezialitäten des Hauses auftischen.

Einfach, günstig und gut – kein Widerspruch

Am Sonntag, und nur dann, wird die «soupe aux choux» serviert. Mit Fettaugen, reichlich Kohl und anderem Gemüse, Wurst, Speck und Schinken soweit das Auge reicht. Wer's opulent mag, wird glücklich sein, Kalorienzähler sind hier fehl am Platz. Auch unter der Woche wird die Kost nicht leichter. Bei Madame Christine zu essen heisst, in eine Saucisson zu beissen, eine Schüssel «Macaronis de Chalet» (Hörnli an einer Rahm-Zwiebel-Sauce) auszulöffeln, in einem Moitié-moitié-Fondue zu rühren oder mit einem Vacherin-Fondue den Magen zu versiegeln. Allerdings wären da noch die Meringues mit der grandiosen Crème double… Der Abstieg wird die Magensäfte wieder beruhigen. Und ohne Marcel Pharisas Vacherin d'alpage im Rucksack gehe ich eh nie nach Hause.

Ménage à trois: Christine Grangier, Odile und Marcel Pharisa

Buvette Les Mongerons
Odile und Marcel Pharisa,
Christine Grangier
Les Chaumiaux
1663 Epagny
026 921 22 39
www.mongerons.ch

Ruhetage Saisonaler Betrieb von Mai bis Oktober. Mo geschlossen.

Geöffnet Di bis So von 10 bis 23 Uhr.

Ideal für Naturliebhaber, Folkloristen, Käsefreunde, Spaziergänger und Wanderer.

Fumoir Open Air.

Frischluft Kleine Terrasse vor der Buvette mit Blick auf Kühe, Weiden, Berge und Schloss Gruyères.

ÖV Mit der Bahn bis Fribourg, mit dem Bus bis Bulle, mit der Lokalbahn bis Gruyères und mit dem Bus bis Pringy. Dann zu Fuss.

PW Via Bulle und Gruyères nach Pringy. Bei der Sägerei am Ende des Dorfes Richtung Moléson.

Zu Fuss Vom Parkplatz aus ist es eine Viertelstunde, von der Bushaltestelle eine gute halbe Stunde.

Speziell Klein, fein, echt.

Kultur Kühe zählen oder im Sommer nach Fribourg zum jährlich stattfindenden internationalen Folkloretreffen pilgern. www.rfi.ch

Küche Hörnli mit Rahm und Zwiebeln, kalter Beinschinken, diverse Fondues, darunter eines mit Ziegenkäse.

Keller Weiss, Rosé und Rot: Yvorne, Oeil-de-Perdrix und Goron.

Gut zu wissen Mit dem ÖV wird die Tagesreise kompliziert. Der Moléson ist ein schönes Wandergebiet und eignet sich ideal für ein verlängertes Wochenende.

Preise Günstig.

Das Kalb machen

Wenn sich in Villarepos Fuchs und Hase gute Nacht sagen, sagt das Kalb gar nichts mehr, sondern schmort in der Bouillon. Das Leben ist ungerecht.

Natürlich schmort nicht das ganze Kalb in der Bouillon, sondern nur sein Kopf. Spitzenkoch Arno Abächerli ist ein Verfechter der Verwertung minderwertiger Fleischteile, obwohl er in seinem Landgasthof eine gehobene Gourmetküche pflegt. Trotzdem, oder gerade deshalb, kocht er seit über zehn Jahren Kalbskopf. Zart ist er im Biss, mit Gemüse angereichert, das nach Gemüse schmeckt und nicht zur Geschmacklosigkeit verkocht ist. In der gleichen Kategorie gibt es exzellente Kutteln und saftiges Suppenfleisch. Klassiker, die ich nirgendwo so gut und gerne esse wie hier.

Eine Runde Asien

Arno Abächerli spricht fünf Sprachen, ist weit gereist, seine belgische Frau Christa hat er aber in Gstaad kennengelernt. Die ausgebildete Köchin setzt sich täglich kritisch mit Arnos Küche auseinander. Das kann einem auf die Nerven gehen, beeinflusst aber nicht unwesentlich die Tagesform des Küchenteams. Seit siebzehn Jahren arbeitet das Ehepaar zusammen. Gastgeber zu sein, haben sie im Blut. Starke Nerven auch, sonst würden Geschäft und Ehe nicht schon so lange blühen. Das Rezept: Können, Teamarbeit, Humor und Bodenhaftung. Übrigens: Ihre zehn letzten Arbeitsjahre wollen sie auf einem anderen Kontinent verbringen. Asien scheint zurzeit ihr Favorit zu sein. Aber wo esse ich dann den perfekten Kalbskopf?

Noch ist Villarepos der Mittelpunkt

Vorerst bleibt jedoch alles beim Alten, was nicht nur mich, sondern auch die zahlreichen Stammgäste beruhigt. Denn wo sonst als bei Arno Abächerli lässt sich die Lust auf Deftiges wie Kutteln, Suppenfleisch, Cordon bleu, Kalbsvoressen, Kalbsleber oder Kalbskopf besser befriedigen? Eben. Nebenbei: Wer es exklusiver mag, der setzt sich in die Gourmetstube zu Foie gras auf Linsen und Zander an Zitronenbutter und Kokosflocken. Die persönlichen Vorlieben entscheiden – Arno Abächerli ist in beiden Ligen zuhause. Das hat damit zu tun, dass sowohl die einfach Landgasthofküche seiner Grosseltern als auch die Jahre bei den Spitzenköchen Robert Speth in Gstaad und Martin Dalsass in Sorengo ihn prägten. Und Christa, seine persönliche kulinarische Kontrollstelle.

Dickschädel unter sich: Arno Abächerli mit abgezogenem Kalbskopf

Auberge de la Croix Blanche
Christa und Arno Abächerli-Bauters
1583 Villarepos
026 675 30 75
www.croixblanche.ch

Ruhetage Di und Mi.
Geöffnet Do bis Mo von 9 bis 14:30 Uhr und ab 17 Uhr.
Ideal für Genussmenschen, Schlemmer, Weinfreaks und Realisten.
Fumoir Open Air.
Frischluft Terrasse vor und neben dem Haus.
ÖV Mit der Bahn bis Murten, mit dem Bus bis Villarepos.
PW Parkplätze vor dem Haus.
Zu Fuss Von Murten über die Wiesen nach Villarepos.
Speziell Die Küche von Arno Abächerli ist ein gelungener Mix aus feinen und opulenten Gerichten.
Kultur Die am ersten Wochenende im Dezember servierte und zelebrierte «Edelmetzgete».
Küche Foie gras auf Linsen, Krabben- und Ziegenravioli, Wolfsbarsch, Bison.
Keller Flaschen vom Mont Vully, französische und italienische Provenienzen.
Gut zu wissen In der alten Gaststube isst es sich gemütlicher als im Gourmetrestaurant. Die auf der Schiefertafel präsentierte Auswahl an deftigen Gerichten animiert und macht Freude.
Preise Mittel bis gehoben.

BEIZEN

Restaurant La Couronne
Marie-Laure und
Philippe Milleret-Jaquet
1669 Lessoc
026 928 23 98
www.la-couronne-lessoc.ch
Di und Mi geschlossen.

Stimmungsvolle Beiz, liebevoll eingerichtet. Traditionelle Küche mit exzellenten Terrinen und Pâtés.

Hôtel de Ville
Frédérik Kondratowicz
Grand-Rue 6
1700 Fribourg
026 321 23 67
restaurant-hotel-de-ville.ch
So und Mo ganzer Tag und Di mittags geschlossen.

In diesem Haus wirteten schon Fleischermeister Corpaato und Daniel Dula, ein grosser Freund von piemontesischen Weinen. Heute ist es Frédérik Kondratowicz, der in lockerer Atmosphäre eine moderne, nicht überkandidelte Küche anbietet.

BETTEN

Schloss Balliswil
Gisela und Jean-Marc Muheim
Balliswil 2
3186 Düdingen
026 481 14 28
www.balliswil.ch

Zwei spezielle Zimmer, etwas überzahlt, aber mit patiniertem Charme. Liebevolle Gastgeber, üppiges Frühstück und die Stadt Fribourg sozusagen vor der Haustür. Grosser Park mit Schwimmbecken.

St-Ursen
Heidi Meier
Römerswil 7
1717 St-Ursen
026 322 11 74
heidis-bed-and-breakfast.ch

Ein stilvolles Doppelzimmer, ein Einzelzimmer, eine herzallerliebste Gastgeberin, eine nicht allzu stark befahrene Strasse vor und der englische Garten hinter dem Haus. Hier serviert Heidi Meier Tee und Gebäck. Ihre Torten sind Meisterwerke.

BESUCHEN

daniVINO
Daniel Dula
Rue A. Cailler 27
1636 Broc
079 412 77 81
www.danivino.ch

Daniel Dula ist ein Verfechter und Verkäufer authentischer italienischer Weine. Hinzu kommen diverse piemontesische Spezialitäten. Seine Tajarin (Eierbandnudeln) sind «faites maison».

Museum HR Giger
Hansruedi Giger
Château St. Germain
1663 Gruyères
026 921 22 00
www.hrgigermuseum.com

Das Museum enthält die grösste Werksammlung von HR Giger und umfasst Bilder, Skulpturen, Möbel und Filmkulissen. Eine Reise zwischen Realität und Fiktion, Vergangenheit und Zukunft, in die faszinierende Welt der Imagination. Wer danach Durst und noch nicht genug von Fantastereien hat, geht auf ein Glas oder zwei in die gegenüberliegende Hausbar des Schlosses.

BUCH

Schweizer Käse
Dominik Flammer und
Fabian Scheffold

Wer Käse liebt, dem sei dieses Buch wärmstens empfohlen. Auch Käsepapst Edmond Richoz aus La Tour-de-Trême, nur wenige Autominuten von Gruyères entfernt, ist darin verewigt.
www.at-verlag.ch

Genf

Aufgespiesst: Cardon épineux genevois AOC. Kardy, die stachelige Urartischocke

Association Cynara, Carouge

Mehr Sein als Schein

Seine Küche ist eine Hommage an die Bistrokultur, die Weinkarte eine Liebeserklärung ans Vallée du Rhône, das Ganze eine Reise nach damals.

René Fracheboud ist ein Verfechter der traditionellen Bistroküche. Das imponiert. Dass er Freiburger ist, mag erstaunen, interessiert die Genfer aber nicht. Vielmehr sind sie froh, dass im «Dix Vins» Klassiker wie Kalbskopf und -zunge «avec sauce ravigote» oder längs aufgeschnittenes Markbein mit Meersalz und Pfeffer gekonnt zubereitet werden. Im Bistro von René Fracheboud wird präzise gekocht und subtil angerichtet. Die Gerichte werden von den langjährigen Mitarbeitern Monsieur Christian und Madame Käthi mit Respekt und Grandezza serviert. Aber Achtung! Das kulinarische Schauspiel eignet sich nicht für zart besaitete Kalorienzähler, denn spätestens bei der Schokoladenterrine mit kandierten Orangenschnitzen schreit der Verdauungsapparat nach einem Single Malt aus der Sammlung des Patrons. Zumindest mein Magen schreit.

Kurswechsel

2002 hat René Fracheboud sein Gourmetlokal zugunsten eines Bistros verkauft, um sich ganz den klassischen Gerichten widmen zu können. Von der Baukastenküche hat er sich verabschiedet. In einer Zeit, in der so manches Luxusetablissement in einen Zustand von mehr Schein als Sein hineinschlittert, geschieht bei René das Gegenteil: Seine Beiz ist stets complet, im Innern ist sie ein Schmuckstück, reich dekoriert mit Bildern, Plakaten, Emailleschildern und Plaketten, so wie es sich für ein Bistro gehört. Melancholisch stimmt einzig die fehlende Fraktion der Beret-Träger und Gauloises-Raucher, die am langen Tisch auf ein «ballon de rouge» oder einen Absinth sitzt. Doch auch in Carouge wird nur noch zuhause geraucht. Dafür in der Beiz getrunken und geschlemmt. Immerhin.

Der letzte Mohikaner

Ebenfalls beste Hausmannskost hat bis vor kurzem La Grande Dame Gilberte Le Parc serviert. Sie, die in den besten Häusern der Côte d'Azur wirkte, hat in ihrer kleinen Beiz «La Crise» das Handtuch geworfen und René Fracheboud allein gelassen. Sein Traditionslokal «Dix Vins» ist nun eine der letzten Genfer Bistro-Bastionen mit Charakter, Patina – und einem Condrieu der Extraklasse von François Villard. Umwerfend in den Aromen und satt im Preis. Man gönnt sich ja sonst nichts …

Die Beret-Fraktion war gestern hier

Dix Vins
René Fracheboud
Rue Jacques-Dalphin 29bis
1227 Carouge
022 342 40 10

Ruhetage Sa und So.
Geöffnet Mo bis Fr mittags und abends.
Ideal für Frankophile, Bistrogänger und unverbesserliche Romantiker.
Fumoir Open Air.
Frischluft Terrasse auf dem Trottoir.
ÖV Mit dem Zug nach Genf, mit dem Tram 13 oder 14 bis Carouge.
PW Parkplätze im Quartier. Ohne GPS ist der Automobilist aufgeschmissen.
Zu Fuss Durchs Quartier auf Entdeckungsreise.
Speziell Die Weinkarte richtet ihr Augenmerk auf die Winzer des Rhonetals.
Kultur Markt in Carouge am Mittwoch- und Samstagmorgen: Handwerker, Künstler, Gemüse-, Fleisch- und Käsehändler geben ihr Bestes.
Küche Kalbskopf, Nieren, Kutteln, Braten, Entrecote, Schnecken.
Keller Etwas Genf und viel Frankreich.
Gut zu wissen Die Küche ist opulent und derb, aber nicht ohne Raffinesse.
Preise Mittel. Bei den Weinspezialitäten wird's gehoben.

Im Wandel der Zeit

Die alten Bistros fallen auch in der letzten Bastion der Schweiz. Nur wenige haben das Glück, so kompetent erneuert zu werden wie das «Café des Bains».

Was in Fribourg und Lausanne bereits geschehen ist, ereignet sich nun auch in Genf: Den alten, verwitterten Bistros geht es an den Kragen. Sie kommen unters Messer wie alternden Stars, werden mit wenig Geschmack und viel Geld verschandelt. So geschehen im «Café des Amis» in Choulex. Da vergeht mir der Appetit. Vor Jahren habe ich geschrieben, dass Trendlokale kommen und gehen, ein «Café des Amis» aber immer bleiben wird. Wie man sich doch täuschen kann. Darum ist es Caroline Vogelsang hoch anzurechnen, dass sie ihrem «Café des Bains» frech und unbekümmert, aber doch überlegt und mit dem nötigen Respekt vor der alten Bausubstanz, eine Frischzellenkur verordnet hat. Bis ins Detail stimmt das Bild.

Beliebt im Quartier

Im «Café des Bains» trifft sich ein buntes Sammelsurium von Charakteren. Diese finden hier eine sympathische Beiz mit forschem Personal, das ohne viel Firlefanz aufträgt, was bestellt wird. Die Karte ist klein und schlicht, gekocht wird frisch, gut, vorwiegend saisonal und zu korrekten Preisen, was in Genf nicht selbstverständlich ist. Caroline Vogelsang hat den Mut, Banales aufzutischen, wie etwa Karottensalat, beträufelt mit Zitronensaft und Olivenöl, wobei der intensive Geschmack der Karotten den Salat zum Gedicht macht. Auch das Rindstatar oder der Linsensalat mit Speck und roten Zwiebeln schmecken. Einfache Gerichte, die den Gaumen durch ihre feinen Aromen überzeugen.

Zum länger Verweilen

In der Küche geht es abends um halb acht los. Wer bereits um sechs Uhr eintrudelt, fängt mit dem Aperitif an, der in Genf noch zelebriert wird. Statt sich bereits an den Tisch zu setzen, empfehle ich, ihn zu reservieren und auf eine kleine Beizentour zu gehen. Dabei leistet der Genfer Bistroführer von André Klopmann und Nicolas Burgy beste Schützenhilfe, denn nichts verändert sich schneller als die Gastronomie (siehe Buchtipp, Seite 66). Auch in Genf. Wer über sie schreibt, hat schon verloren. Gestern Geheimtipp, heute Trend, morgen tot. Na ja, das ist nicht immer so. Das «Café des Bains» pulsiert und freut sich des Seins …

Der Beginn einer langen Freundschaft

Café des Bains
Caroline Vogelsang
Rue des Bains 26
1205 Genève
022 321 57 98
www.cafedesbains.com

Ruhetage So und Mo.
Geöffnet Di bis Sa mittags und abends.
Ideal für Trendsetter, Schöngeister, Schönlinge, Kulturbeflissene und Lebenskünstler.
Fumoir Open Air.
Frischluft Terrasse auf dem Trottoir.
ÖV Mit Tram oder Bus.
PW Im Quartier (schwierig).
Zu Fuss Ein Stadtbummel ist angesagt.
Speziell Aufgeräumtes Bistro, alt und modern optimal kombiniert, witzige Website.
Kultur Ganz in der Nähe ist in einem ehemaligen Industriegebäude ein Museum untergebracht, das sich der zeitgenössischen Musik widmet. www.mamco.ch
Küche Modern umgesetzte Klassiker, sec angerichtet.
Keller Man dürfte dem lokalen Weinschaffen eine grössere Plattform geben. Warum nicht eine Auswahl an Genfer Winzern wie Dugerdil, Gros, Guyot und Novelle? Würde mir besser gefallen als Weine aus Kalifornien und Südafrika.
Gut zu wissen «Le plat du jour» besteht aus einem Zweigänger für humane Fr. 20.–.
Preise Mittel.

BEIZEN

La Cantine des Commerçants
Boulevard Carl-Vogt 29
1205 Genève
022 328 16 70
www.lacantine.ch
Di bis Sa von 8 bis 23 Uhr geöffnet.

Die Andouillette (Wurst) ist für die Hardcore-Fans, die Kalbsnieren an Senfsauce und das Entrecote für den Rest.

Les Voyageurs
Avenue de la Gare des Eaux-Vives 6
1207 Genève
022 735 58 98
www.cafedesvoyageurs.ch
Sa und So geschlossen.

Klassisch französisch, stimmungsvoll, laut, gute Küche, gute Weine. Paris in Genf.

Café Marius
Roland Kocher
Place des Augustins 9
1205 Genève
022 320 62 39
Sa und So geschlossen.

In einer ehemaligen Metzgerei werden exzellente Weine kredenzt. Das Ganze ist angenehm unprätentiös.

BETTEN

Hôtel Tor
Sylvie und Laurent Patrelle
Rue Ami-Lévrier 3
1201 Genève
022 909 88 20
www.torhotel.com

Das ansprechende und für Genfer Verhältnisse vor allem kostengünstige Hotel bietet neben angenehmen Zimmern auch Appartements und eine Zweizimmerwohnung mit Küche.

BESUCHEN

Cave Stéphane Gros
Chemin de Bertholier 10
1283 Dardagny
079 516 26 42
www.stephane-gros.ch

Eigentlich wollte der eigenwillige Winzer Diplomat werden. Nach zwei Jahren brach er sein Studium ab und arbeitete für kurze Zeit bei einer Privatbank. Dann hängte er Anzug und Krawatte an den Nagel, liess sich die Haare wachsen und begann auf drei Hektaren Land mit der Winzerei. Bis heute. Erfolgreich.

Musée d'art et d'histoire
Rue Charles-Galland 2
1206 Genève
022 418 26 82
www.ville-ge.ch/mah
Di geschlossen.

Nicht nur das Museum ist einen Besuch wert, auch das hauseigene Bistro «Le Barocco». Hier wirkte bis Mai 2009 der geniale Stephen Mac Donald, der dem ehemaligen US-Präsidenten Bill Clinton dessen Lieblings-Cookies backte. Seit Juni 2009 werden unter neuer Leitung kleinere Brötchen gebacken.

BUCH

Les nouveaux bistrots de Genève
Nicolas Burgy und
André Klopmann

Wer länger in Genf verweilt oder zum Wiederholungstäter wird, dem sei dieser kulinarische Guide wärmstens empfohlen. Er ist der Schlüssel zu den schönsten Beizen Genfs.
www.slatkine.com

Glarus

Kalbereien

Mit Metzgermeister Paul Streiff, Schwanden

Grenzwerte

Weesen liegt im Glarnerland. Wie bitte? Der Bahnhof steht auf Glarnerboden und sein berühmtester Koch ist Glarner Tennismeister. Na also …

Für einmal annektiere ich kurzerhand ein St. Galler Dorf und schlage es zum Kanton Glarus. Wer mit der Bahn anreist, steigt auf Glarnerboden aus, und wer in der «Fischerstube» tafelt, wird von einem Glarner Meister im Seniorentennis nach allen Regeln der Kunst verwöhnt. Wenn das kein Grund ist! Natürlich gibt es im Glarnerland vorzügliche Lokale: das «Schwert» in Netstal oder das «Sonnegg» in Glarus zum Beispiel. Es hat aber keinen Dieter Frese, der mich beeindruckt und mit seinen Fischgerichten begeistert. Ich bitte also um Nachsicht, wenn ich die Kantonsgrenze um einige Meter verschiebe. Und wer denkt an der Ostschweizer Riviera am Walensee schon an St. Gallen?

Der Wildfang

Dieter Frese ist ein Küchenchef der alten Schule, der in Lübeck zu kochen begann und den Weg nach Weesen über das «Dolder» in Zürich fand. Er ist einer, der sagt, was Sache ist. Einer, der mit Kalorien statt mit dem Chemiekasten kocht. 2014 wird er siebzig Jahre alt. Dann will er seine «Fischerstube» abgeben, verkaufen, in gute Hände übergeben. Aber erst dann. Er kocht an sechs Tagen in der Woche, an seinem freien Tag unterrichtet er Hobbyköche. Dieter Frese ist ein Wildfang, ein Macher mit sieben Leben. Kurz, ein medizinisches Wunder mit einer starken Frau als Partnerin, die plant, organisiert und die Gäste kompetent betreut.

Ein Meister der Friture

Den Lachs räuchert er vor Ort, seine Saucen sind von Grund auf selbstgemacht, Industrie ist bei ihm nur die Kücheneinrichtung, gefroren sind nur die Eiswürfel. Ein Könner halt, der die Friture genauso gut beherrscht wie die Garzeit eines Loup de mer in Salzkruste. Da muss der Wein mithalten können. Tut er auch. Der Wirt bleibt in Europa und setzt lokale und regionale Akzente. Seit vierzig Jahren sind Hanni und Dieter Frese Gastgeber in der «Fischerstube». Sie haben sich durch nichts aus der Ruhe bringen lassen, nicht einmal durch ein Jahrhundertunwetter, das ihr Haus 2005 für zwei Jahre lahmlegte und alles in Frage stellte. Heute will es Dieter Frese noch einmal wissen. Im Pensionsalter aus Leidenschaft immer noch so präzise kochen, das kann nur ein Glarner Meister.

Gasthaus schön, Hecht gut, Gast glücklich

Fischerstube
Hanni und Dieter Frese
Marktgasse 9
8872 Weesen
055 616 16 08
www.fischerstubeweesen.ch

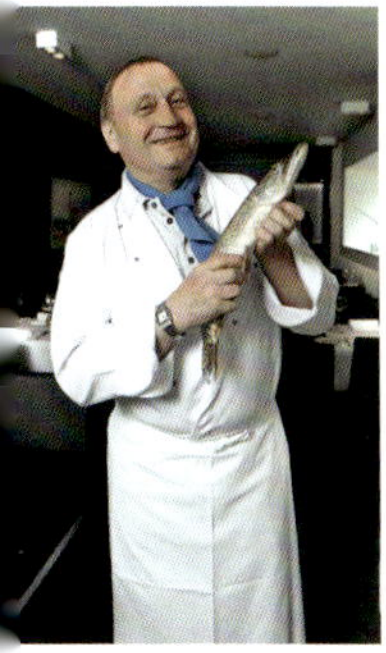

Ruhetage Mi.

Geöffnet Do bis Di mittags und abends.

Ideal für Angler, Fischliebhaber und passionierte Beizengänger.

Fumoir In Planung für 2012.

Frischluft Nein.

ÖV Mit der Bahn via Ziegelbrücke oder mit Bus und Schiff nach Weesen.

PW Parkplätze vor dem Haus.

Zu Fuss Promenadenspaziergang am See.

Speziell In der «Fischerstube», der Name macht es deutlich, stehen exzellente Fischgerichte im Mittelpunkt.

Kultur Schon die Römer waren hier. Mehr dazu im «Museum & Galerie» an der Kruggasse 10. Oder mit dem Schiff eine Runde auf dem Walensee.

Küche Hecht gebacken, Felchenfilets, Fischsuppe, Lachs, Wolfsbarsch und Co.

Keller Schweizer Weine lokal, regional, national und diverse grosse Namen aus Frankreich und dem restlichen Europa.

Gut zu wissen Dieter Frese bietet kurzweilige Fischkochkurse an, die nicht nur für Angler geeignet sind.

Preise Mittel.

«Alperose chöme mir i Sinn»

Gut, es ist das «Alpenrösli», und statt von Polo Hofer kommt der Sound von stolzem Grauvieh mit Hörnern. In der Beiz gibt es keine Musik, dafür «Zigerhöreli».

Nein, einen Schönheitspreis gewinnt das Berggasthaus Alpenrösli nicht. Das überlässt Marc Reithebuch lieber seinem Bruder André. Nina und Marc stehen erst am Anfang ihrer Selbständigkeit, mit der Zeit wollen sie dies und das anpassen. Der Empfang ist herzlich, die Betreuung persönlich, das Essen ausgezeichnet. Marc hat seine beruflichen Erfahrungen im «Victoria-Jungfrau» in Interlaken und in der «Rebe» in Herrliberg gesammelt, bevor er im «Heugümper» in Zürich seine kreativen Ideen verwirklichen konnte.

Familienfreundlich

Neben dem «Alpenrösli» hat es einen Kinderspielplatz mit einem Piratenschiff aus Holz und anderen spannenden Gerätschaften. Das Haus ist ausgesprochen kinderfreundlich, bei schönem Wetter wird es von zahlreichen Jungpiraten geentert. Das ist der Zeitpunkt, zu dem der passionierte Beizengänger fernbleibt. Er geht der spielenden Zunft aus dem Weg, verzichtet auf das eindrückliche Bergpanorama und kommt erst am Abend oder bei schlechtem Wetter wieder. Das ist nicht böse gemeint, sondern sind persönliche Erfahrungswerte. Ich habe vier Jahre über einer wunderschönen Jugendstilbeiz gewohnt und mit den quäkenden Siruptrinkern und ihren Eltern so einiges erlebt, was nichts mit den fröhlichen Familiensonntagstafeln in Italien oder Frankreich gemein hat.

Perfekter Spagat

Bewundernswert ist, wie Marc Reithebuch der Spagat zwischen «Zigerhöreli» und Hummertempura gelingt. Bei ihm sind alle Gäste willkommen. Auch die grossen Esser mit Appetit. Sein Überraschungsmenü überrascht tatsächlich, macht Freude und präsentiert sich auf hohem Niveau. Zum Beispiel das feine, von Hand geschnittene Rindstatar, das Carpaccio vom Angusrind mit schwarzem Trüffel oder die gebratene Entenleber, serviert mit einer köstlichen Apfeltartelette. Hervorragend sind auch die Schmor- und Wildgerichte. Ausgesprochen gut isst, wer einige Tage vorher anruft und Nina und Marc Zeit gibt, die speziellen Produkte einzukaufen. Ein paar Geniesser sollten es schon sein, die Marc das Budget durchgeben und gleich über Nacht bleiben. Sterne und Alpenrosen warten …

Die Nummer eins in Mullern: Marc Reithebuch

Berggasthaus Alpenrösli
Nina und Marc Reithebuch-Suter
Mullern 1038
8753 Mollis
055 612 12 84
www.berggasthaus-alpenroesli.ch

Ruhetage Mo und Di. Für Gesellschaften bei frühzeitiger Anmeldung offen.
Geöffnet Mi bis So ab 9 Uhr.
Ideal für Wanderer, Passgänger, Genussmenschen und Pragmatiker.
Fumoir Open Air.
Frischluft Aussichtsterrasse.
ÖV Mit der Bahn bis Näfels/Mollis, dann geht's nur noch per pedes oder mit dem Taxi weiter: 079 693 49 49 (vorher anrufen!).
PW Parkplätze vor dem Haus. Anfahrt über Mollis nach Mullern. Die Strasse eignet sich nur für geübte und schwindelfreie Automobilisten.
Zu Fuss In rund zwei Stunden den Berg hoch.
Speziell Auf den ersten Blick ist das Angebot solide. Marc Reithebuch kann aber weitaus mehr und bietet Gourmets eine vorzügliche Tafel.
Kultur Zwischen Mullern und dem unteren Fronalpstock den Schabziger Höhenweg entlang. Mit viel Wissenswertem rund um den Schabziger.
Küche Zigerschaumsuppe, Gämspfeffer, Rehschnitzel, rotes Thai-Curry.
Keller Üppige Flaschen aus Spanien und Portugal sowie einige leichtere Schweizer Provenienzen.
Gut zu wissen Das «Alpenrösli» verfügt über vier Gästezimmer.
Preise Mittel.

BEIZEN

Bächialp
René und Silvia Mohr
8775 Luchsingen
055 643 17 87
Von Mai bis Oktober und im Winter bei gutem Wetter an den Wochenenden geöffnet.

Urgemütliche Beiz mit kleinem warmem Angebot. Schleckmäuler halten sich an den hausgemachten Kuchen.

BETTEN

Käsernalp
Hildegard und Kurt Oertli
Käsern
8750 Klöntal
055 640 11 77
www.kaesernalp.ch
Von Mitte Mai bis Mitte Oktober geöffnet.

Ofenkoteletts, saftig und nicht zu knapp, luftige Fleischküchlein und diverse Glarner Spezialitäten. Dazu Ruhe, sympathische Gastgeber und einige einfache Zimmer (ohne Strom, Taschenlampe mitbringen!) für den wohlverdienten Schlaf.

BESUCHEN

Hofladen Marti
Margrit Marti-Marti
Wiese 17
8767 Elm
055 642 19 67
Der Hofladen ist immer freitags von 8 bis 20 Uhr geöffnet.

Hervorragender Alpkäse, beste gesottene Butter, Honig, Konfitüren, Bauernbrot, Eier, Würste, Trocken- und Frischfleisch. Kurz: ein wundervolles Mikroeinkaufsparadies und mittendrin die herzallerliebste Margrit Marti.

Gebrüder Hösli
Dr. Oswald Heer-Strasse 13
8750 Glarus
055 640 19 67
www.hoesli-metzgerei.ch

Eher ein erfolgreiches KMU als eine Kleinmetzgerei. Das tut der Qualität der Produkte keinen Abbruch. Natürlich ist die Glarner Kalberwurst exzellent. Mutige oder Zigerliebhaber sollten den Ziger-Schüblig ausprobieren. Und dann gäbe es noch die Ziger-Salatsauce zu kaufen …

Metzgerei Streiff
Paul Streiff
Perlstrasse 11
8762 Schwanden
079 349 45 34

Ein Metzger wie aus dem Bilderbuch, einer der letzten Einzelkämpfer und eine sympathische Frohnatur mit Produkten, die überzeugen. Streiffs Spezialitäten sind Glarner Kalberwurst, Netzbraten, Hirschschüblig und weitere Köstlichkeiten.

horgenglarus
Kirchweg 82
8750 Glarus
055 645 34 00
www.horgen-glarus.ch

Die älteste Tisch- und Stuhlmanufaktur der Schweiz. Von Hand gearbeitete, stilvolle Klassiker, die einen wohl überleben werden. Die Stühle von Werner Max Moser und Max Ernst Haefeli finden sich in zahlreichen Beizen der Schweiz.

BUCH

Anna Göldin. Letzte Hexe
Eveline Hasler

Kein Buch über das Mittelalter, sondern über Glarus im 18. Jahrhundert.
www.annagoeldi.ch

Graubünden

Eingewickelt

Bergrestaurant Capunseria, Flims-Foppa

Bella Erminia

Sonntag in Verdabbio: An der Hausecke schläft die Katze, im Kamin züngelt das Feuer, in der Gaststube trinkt die Männerrunde, in der Küche kocht Erminia.

Ihre Augen leuchten, heissen uns willkommen. Eine Nonna wie aus der Werbung. Nur mit dem Unterschied, dass Erminia echt ist. Ihr Dorf ist kein musealer Ballenberg, sondern vergessener Alltag, konserviert in der Gegenwart. Wen das nicht neugierig stimmt, der lässt es bleiben und fährt weiter. Nach Ascona zum Beispiel. Alle anderen bleiben hier im bündnerischen Misox hängen. Nicht angemeldete Besucher werden mit Coppa, Salami, Rohschinken, Lardo, etwas Käse und dem hauseigenen Merlot verwöhnt.

Warme Küche? Vielleicht.

Erminia hat Prinzipien und ihre Frischküche braucht Zeit und Vorbereitung. Wer ihre traditionellen Gerichte geniessen will, ruft an und fragt danach. Basta! Deutsch spricht und versteht sie, wenn's unbedingt sein muss. Italienisch ist ihr lieber. Wer Erminia besucht, nimmt sich Zeit, hört als Amuse-Gueule den Einheimischen zu (was nicht unhöflich ist, da der Dialekt vor Indiskretion schützt), isst Polenta mit Luganighe, schlürft Grappa, geniesst, übernachtet im Haus, weil die Seele wohlig müde wird. Im Herbst sind alle Stühle besetzt, kommen Hirsch, Kastanien, Wildschwein oder Gams auf den Teller. Alles in kräftiger Sauce. Die Rezepte für ihre Wildgerichte verrät Erminia nicht, bei entsprechenden Fragen zuckt sie mit den Schultern und murmelt etwas von einer Prise von diesem und einer Prise von jenem … So, wie Nonnas eben kochen.

Auszeit von der Gegenwart

Kein Schild, nichts weist den Weg zum Restaurant. Wer im Dorf danach fragt, erhält zur Antwort: die Gasse hoch! Es hat aber mehrere Gassen … Bei meinem ersten Besuch kommt Erminia aus dem Hühnerstall, mit Eiern für die Omelette in der Schürze. Wir treten durch die Tür, die ich für den Privateingang halte. Der gegenüberliegende Eingang führt zu den Toiletten und in den grossen Saal, den Familien oft für den Leichenschmaus oder ein Jubiläum nutzen. Der Alltag findet aber in der guten Stube statt. Hier lehnen sich die Gäste zurück, gönnen sich eine Auszeit, bleiben, überhocken. Etwa an einem verregneten Sonntag beim knisternden Kaminfeuer. Keiner ist auf der Flucht. Ascona, Design, Avantgarde und Ivo Adam sind weit weg – und vergessen. Heute ist der Traum von gestern.

Familienrat: Erminia mit Tochter Cristina und den Enkelinnen Siria und Giorgia

Da Erminia
Erminia Motalla-Borra
6538 Verdabbio
091 827 16 07
www.daerminia.ch

Ruhetage Keine.
Geöffnet Wenn Signora nicht gerade an einer Beerdigung ist, steht sie in der Küche oder bestellt den Garten.
Ideal für Puristen.
Fumoir Open Air.
Frischluft Pergola mit Steintischen.
ÖV Mit der Bahn nach Bellinzona, dann mit dem Bus nach Verdabbio.
PW Parkplätze beim Dorfeingang.
Zu Fuss Ein Rundgang durchs Dorf.
Speziell Was die Grossmutter noch wusste …
Kultur Das Val Cama erkunden.
Küche Warme Küche nur auf Vorbestellung: Risotto, Pasta, Braten, Kaninchen, Polenta, Luganighe …
Keller Der hauseigene Merlot.
Gut zu wissen Für die Abende mit Wildgerichten ist eine frühzeitige Anmeldung erforderlich.
Preise Günstig bis mittel.

Am Wickel

Es gibt genügend Gründe, warum Mann im reifen Alter keine eigene Beiz eröffnen sollte. Doch welcher Mann will schon vernünftig sein?

Charly Bieler hat in seinem Leben viele Texte zu Papier gebracht. Als Gesellschaftsjournalist, als Korrespondent, als Buchautor. Schreiben verursacht Durst, den man in der Beiz löscht. Nach Redaktionsschluss. Wieso also nicht nach der Frühpensionierung selbst eine Beiz eröffnen? Schreibende Wirte gibt es nicht viele. Der Traum wächst, Charlys Frau Mia träumt mit, das Ganze wird zu Papier gebracht, die Pläne stehen, das Ziel ist die Alp Foppa. Dort wird ein Heustall zur Beiz.

Complet!

Um Umsatz zu erwirtschaften, muss auf der Alp das Wetter mitspielen. Logisch. Die eingeschränkten Fahrzeiten der Sesselbahn machen es nicht leichter und sind in der Jahresplanung zu berücksichtigen. Auch logisch. Das gilt zumindest für den Durchschnitt. Wer Qualität anbietet, der benötigt keine Parkplätze, keine Seilbahn, der wird entdeckt und besucht. Auch zu Fuss. Im Winter liegt die Skipiste vor der Haustür, was noch mehr Gäste bedeutet. Mia und Charly werden überrannt, ihre Capunseria wird geentert. Nach Beizenschluss sind die Enthusiasten erledigt, die Kasse ist voll, die Beziehung leer. Drei Landfrauen unterstützen das Duo in dieser Zeit beim Wickeln. Für Freizeit reicht es trotzdem nicht. Über ein Jahr lang sind Mia und Charly Wirtsleute. Sie wickeln Mangoldblätter, kochen und servieren Capuns in ihrer Capunseria. Ende Juli 2011 haben sie ihren Traum unterbrochen. Bevor der Traum zum Albtraum verkommt, haben Mia und Charly ihre Capunseria an Freund und Gastronom Christian Wetter verpachtet. Zwar sind sie noch ab und zu mit einem Bein vor Ort, mit dem anderen aber bereits im Tal am Leben.

Auf dem Berg nichts Neues

Seit der Übernahme durch Christian Wetter hat sich in der Capunseria nichts verändert, bei Mia und Charly umso mehr. Ausschlafen liegt wieder drin, die Schmetterlinge kehren in den Bauch zurück, Zeit haben wird wieder spürbar. Die alte, vergessene Idee für ein neues Buchprojekt flammt auf. Seit September schreibt Charly Bieler an seinem Wurstbuch. Vorerst zuhause in Chur, im Winter vielleicht in einer Pension oder in einer Besenbeiz. Mit einem langen Tisch und einem schreibenden Wirt. Ohne Capuns, dafür mit Wurst. Allegra!

Von der Heuschoberia zur Capunseria

Bergrestaurant Capunseria
Christian Wetter, Mia Bonzanigo und Charly Bieler
7017 Flims-Foppa
078 883 68 99
www.capunseria.ch

Ruhetage Mo bis Mi.
Geöffnet Do bis So, während der Saison täglich geöffnet.
Ideal für Trendsetter, Sonnenanbeter, Skifahrer und Wanderer. Je nach Saison.
Fumoir Open Air.
Frischluft Kleine Terrasse neben dem Haus.
ÖV Mit der Bahn bis Chur, mit dem Bus bis Flims, mit dem Sessellift zur Alp Foppa.
PW Parkplätze in Flims.
Zu Fuss Von Flims oder Fidaz in einer Stunde den Berg hoch.
Speziell Charly Bieler hat die erste Capunseria der Schweiz eröffnet und seine Idee patentieren lassen.
Kultur Der frühere Besitzer des Stalls war HR Giger, was sich in diversen Details bemerkbar macht.
Küche Capuns und nochmals Capuns.
Keller Ausbaufähig.
Gut zu wissen Wer Capuns nicht mag, bleibt besser im Tal.
Preise Mittel.

BEIZEN

Chardunet
Remo Beffa
Laits
7174 S. Benedetg
081 943 21 21
Saisonaler Betrieb, Fr bis So geöffnet. Übrige Zeiten auf Anfrage.

Hunde bleiben draussen, Erbsenzähler ebenso. Eher private Stube als Beiz. Der Patron besticht durch Küche und Laune. Ein Erlebnis der speziellen Art.

Berggasthaus Heimeli
7057 Sapün-Langwies
081 374 21 61
www.heimeli.com
Im November geschlossen. Mit Gästezimmern.

Im Sommer kommt und geht der Gast zu Fuss, im Winter kommt er zu Fuss und fährt mit dem Schlitten ins Tal. Vorher geniesst er die Küche von Roger Waldmeier. Speziell wird's, wenn man sich mehrgängig verwöhnen lässt.

Bistro Staziun Lavin
Valentin Hindermann, Rebekka Kern, Werner Kupferschmid und Jürg Wirth
7543 Lavin
079 438 50 08
www.staziun-lavin.ch
Saisonaler Betrieb. Fr und Sa von 13 bis 22 Uhr, So von 13 bis 18 Uhr geöffnet.

Vier Gastgeber, ein Bistro. Ein Ort zum Überhocken bei Salsiz und Käse, ab und zu mit Wollschweinswürsten und deftiger Suppe.

BETTEN

B&B Hof Zippert
Familie Zippert-Elderkin
7057 Langwies
081 374 20 76
www.farmstay.ch

Zwei Zimmer, eine eigene Stube mit Kachelofen, das Ganze «with a real English touch» – hier lässt es sich länger verweilen.

Lej da Staz
Jürg Mettler
7500 St. Moritz-Celerina
081 833 60 50
www.lejdastaz.ch
Saisonaler Betrieb.

Familiär, mit Weitblick über Stazersee und Moorwiesen. Ich empfehle die DZ in der 2. Etage.

Stazione della Posta
7742 La Rösa-Poschiavo
081 832 60 51
www.larosa.ch

Drei Tage hier zu vertrödeln erspart den Seelendoktor. Atmosphäre, Frischküche und Weinkeller überzeugen.

BESUCHEN

Metzgerei Hatecke
Ludwig Hatecke
Center Augustin
7550 Scuol
081 864 11 76
www.hatecke.ch

Im Design und beim Preis eine Apotheke, im Geschmack eine exzellente Metzgerei. Salsiz, Coppa, Gamsschlegel und Co. sind grandios – auch im Preis.

Bachhuus-Chäller
Christine und Johann Egger
Bachhaus 33
7438 Hinterrhein
081 664 12 41

Ein Etappenziel am Walserweg. Naturnah, ursprünglich, mystisch. Und essen geht auch: Raclette, Räucherfleisch, Siedwurst und Ziger.

BUCH

Eine Sache des Herzens
Kurt Röösli
Ein Kochbuch von und mit Kurt Röösli, Chefkoch im «Waldhaus Sils» in Sils-Maria. Am besten liest es sich direkt vor Ort zum «afternoon tea».

Jura

Der Kreuzritter: Die «Réselle» ist eine Kreuzung der Traubensorten Bacchus und Seyval Blanc, die wiederum Kreuzungen sind

Valentin Blattner, Soyhières

La Classe

An warmen Tagen zieren Sommerfrischler in Heilandsandalen die Kulisse von St-Ursanne. Geniesser kommen an Nebeltagen. Ohne Sandalen.

St-Ursanne hat wieder eine Beiz, die mir vorbehaltlos gefällt. Zumindest in der Zwischensaison. Mit den Sommerfrischlern wird's schwieriger. Zur Geschichte: 2009 hat die Wirtin Jeannette Miserez das Handtuch geworfen und ihren «L'Ours» verlassen. Der Besitzer wollte nicht renovieren, sondern verkaufen. Fertig war es mit der Einkehr. Bis 2010 die neuen Eigentümer Christian Flubacher und Paul Imhof gemeinsam mit dem Spezialisten für alte Häuser im Clos du Doubs, Guy Froidevaux, den «Bären» neu erfanden. Entstanden ist ein stimmungsvolles Lokal, das Freude bereitet und durch Qualität aus Küche und Keller überzeugt. Ein zusätzliches Plus ist die Rückkehr von Jeannette Miserez, die freudig auftischt, was die Küche von Christian Flubacher hergibt.

Eine «Réselle» im Glas

Vor dem «L'Ours» plätschert der Brunnen, der nicht sichtbare Doubs ist schnell vergessen, die Weinspezialität «Réselle» von Winzer Valentin Blattner aus Soyhières und die Käse-Profiteroles sind ein schöner Einstieg. Der Tag geht, die Bouillon vom Suppenhuhn kommt, das Essen gefällt. Forellenfilets in einer Absinth-Safran-Sauce, Rindsfiletspitzen in einer Senf-Rahm-Sauce, dazu Frites «faites maison». Die gibt es allerdings nur in der Zwischensaison, dann, wenn die Kartoffeln etwas taugen. Käse aus Roche-d'Or und ein cremiges Damassine-Parfait beenden das Mahl... So schön ist der Sonntag in der Provinz!

Weissbrot statt Saucenlöffel

Christian Flubacher ist ein Könner, die Saucen sind seine Kür. Bei den Meisterwerken mutiere ich regelrecht zum Saucentiger. Ich ignoriere den Saucenlöffel und putze die Köstlichkeit mit Weissbrot weg, bis der Teller speckt. Knigge hin oder her. Die Weinkarte ist mit Sachverstand zusammengestellt, der Weinfreund hat die Qual der Wahl. Die Tagesform, das Menü und der Inhalt der Brieftasche entscheiden. Fazit: Der «L'Ours» bietet eine klassische Küche, exzellente Provenienzen und einen freundlichen Service. Stilvolles Geschirr, angemessene Weingläser und Sitzklassiker der Manufaktur *horgenglarus* runden das Ganze ab. Eine Wohlfühloase zum Überhocken.

Frische Küche in altem Haus: ein Platz zum Durchatmen

Restaurant de l'Ours
Christian Flubacher und Paul Imhof
Rue Vaicle 15
2882 St-Ursanne
032 461 31 14
www.ours-st-ursanne.ch

Ruhetage Mo und Di, So ab 18 Uhr.
Geöffnet Do ab 17 Uhr, im Sommer Mi ab 11 Uhr.
Ideal für Ausflügler mit Appetit, Weinkenner, Saucentiger und Schöngeister.
Fumoir Open Air.
Frischluft Rund um den plätschernden Brunnen.
ÖV Mit der S3 von Basel oder Delémont bis St-Ursanne. Vom Bahnhof mit dem Postauto ins Zentrum oder in 10 Minuten zu Fuss.
PW Parkplätze ausserhalb der Stadttore.
Zu Fuss Es warten diverse ausgeschilderte Wanderwege.
Speziell Zwar fehlt die Sicht auf den Doubs, was aber nicht weiter stört, da der Charme der alten Gemäuer dies locker wettmacht.
Kultur Die historische Kleinstadt ist berühmt für Klavierkonzerte, Kunstausstellungen und vor allem das Mittelalterfest «Les Médiévales», das alle zwei Jahre stattfindet und mehr als 50 000 Besucher anlockt. www.medievales.ch
Küche Fohlensteak, Kalbszunge, Kalbsbrust, Saucisse d'Ajoie, Croûte aux Morilles, Jambon à l'Os.
Keller Wundervolle Weinkarte mit Pinot noir-Spezialitäten.
Gut zu wissen Am Sonntag ist Reservation Pflicht. Unter der Woche ist es sehr ruhig, vor allem in der Nebensaison und im Winter. An Ostern, Pfingsten und im Sommer überlassen die Genussmenschen den Tagestouristen das Feld.
Preise Mittel.

Schwein gehabt

Willkommen am Ende der Welt! Die Gaststube ist klein und eine Reise nach damals, der grosse Esssaal ist ideal für eine Runde Gesellschaftsstudie.

In Beurnevésin, am Rande der Ajoie, ticken die Uhren anders. Es geht beschaulich zu und her. Selbst die Frösche liegen auf der faulen Haut, im Wissen, dass ihre in der Dorfbeiz verspeisten Artgenossen nicht aus der Region stammen. Emsiges Treiben herrscht an diesem sonnigen Novembertag in der Ajoie. Die Region steht Kopf, wenn die Blutwürste dampfen und die Stammgäste mampfen. «La fête de la Saint-Martin» ist nicht nur *die* «Metzgete» in der Ajoie, sondern aufgetischte Geschichte. Nachschlag inklusive.

Zehn Schweine an vier Wochenenden

Mehr als hundert Personen haben in der «Couronne» Platz, was an den Wochenenden im November bis auf den letzten Platz genutzt wird. Dann zecht die Gästeschar fröhlich um die Wette, sie schwitzt, lacht, trinkt – das Leben halt. Sonia Comte begrüsst ihre Gäste mit Handschlag, viele sind Stammgäste, glückliche Wiederholungstäter. Früher wurden die Schweine auf dem Hof geschlachtet, heute machen sie den Umweg über das Schlachthaus. Das Gesetz will es so, besser geht es den Viechern deswegen nicht. Aber das ist eine andere Geschichte. Von den Störmetzgern sind die Rezepte geblieben. Exzellent sind Blutwurst und Atriaux, ein im Schweinenetz eingewickeltes Fleischküchlein aus Leber und Schweinebrät.

Die Damassine hält die Verdauung in Schach

Die Abfolge des Gelages ist immer gleich: Los geht's mit einer Terrine in Gelee, gefolgt von Blutwurst mit Randensalat und Apfelschnitzen, dann gibt es die Bratwurst samt Atriaux und Rösti. Es folgen Bouillon und Siedfleisch, dann Sauerkraut mit Brühwurst, Speck und Kesselfleisch bis hin zum Braten mit Kartoffelstock. Den Schluss bilden der Toétché, ein salziger Rahmkuchen, und die Damassine, der Pflaumenschnaps der Ajoie. Rund zwanzig Familienmitglieder helfen mit, um an vier Wochenenden die hungrigen Gäste in Schach zu halten. Wohlan denn …

Wenn die Blutwurst dampft und auf dem Teller die Blumen blühen, ist Saint-Martin nicht weit

Hôtel Restaurant
La Couronne
Sonia Comte
2935 Beurnevésin
032 474 44 63

Ruhetage Di.
Geöffnet Mi bis Mo ab 10 Uhr.
Ideal für Naturfreunde und Schlemmer.
Fumoir Open Air.
Frischluft Kleiner Garten neben und einige Stühle vor dem Haus.
ÖV Mit der Bahn von Porrentruy bis Bonfol, dann zu Fuss (2 km) oder mit dem Taxi. Ab und zu fährt der öffentliche Bus (telefonisch oder am SBB-Schalter in Porrentruy nachfragen).
PW Parkplätze neben dem Restaurant.
Zu Fuss Die Ajoie ist flach. Ideal für leichtfüssige Spaziergänge.
Speziell Ein Familienbetrieb. Der über 90-jährige Patron ist zwar im Ruhestand, schaut aber am Tisch seiner Stammgäste persönlich nach dem Rechten.
Kultur Im November wird dem Schwein gehuldigt: «La fête de la Saint-Martin» ist zelebrierte Historie.
Küche Frittierte Karpfen, Schnecken, Rindsfilet und – Amphibienfreunde bitte weglesen – Froschschenkel.
Keller Vorwiegend französische und einige Schweizer Weine.
Gut zu wissen Für die Saint-Martin-Wochenenden im November ist eine Reservation spätestens Anfang Oktober Pflicht. Im Saal spielt die Musik auf, wer es ruhiger und intimer mag, reserviert in der kleinen Gaststube.
Preise Mittel.

BEIZEN

Chez le Baron
Janine und Jacqueline Guyot
2885 Epauvillers
032 461 35 41

Hinter der Ecke lauert der Hund, in der Gaststube die Suppe. Wer kommen will, reserviert telefonisch, erst dann wird aufgetischt. Mutter Janine kocht, Tochter Jacqueline serviert. Weinkarte gibt es keine, die vorhandenen Flaschen werden an den Tisch gebracht, der Gast wählt. Ein grundehrlicher Ort.

De la Bouège
Nicolas Fontana
La Bouège 1
2340 Le Noirmont
032 953 11 48
Mo, Di und von November bis Ostern geschlossen.

Eine versteckte Oase mit Gästezimmern, die im Hochsommer zum Kinderhort mutiert. Romantiker nutzen die Zwischensaison. Ende 2012 hört Nicolas leider auf. Was dann?

BETTEN

Ferienhaus Chicshack
Rita und Gérald Kiechler-Müller
2857 Séprais-Montavon
032 426 50 60
www.chicshack.ch

Inmitten von Natur und Kunst steht er da, der ausgebaute Heuschober, der sich als verträumtes Nachtlager für zwei entpuppt. Küche, Kaminofen, Stube, Schlafzimmer, Bad und mehr. Wer sich hier nicht entspannen kann, ist ein hoffnungsloser Fall.

Charme de l'Allaine
Elisabeth Frischknecht
La Roche 47
2922 Courchavon
079 774 70 64
www.charme-allaine.ch

Am Garten zieht die Allaine vorbei, am Ufer steht eine Holzbank, dahinter wartet der umgebaute Zirkuswagen, Madame ruft zum Abendessen – man ist angekommen.

BESUCHEN

Boucherie Pierre Müller fils
Bacavoine 157
2902 Fontenais
032 466 59 78

Klein, fein, lokal.

Ferme La Vaux
Familie Schöni
2912 Roche-d'Or
032 476 69 39
www.fermelavaux.ch

Spitzenkäse und -fleisch zu sattem Preis. Ferienwohnung und Gästezimmer hat es auch. Eine einfache und friedvolle Bio-Oase.

Thérèse Scheurer
Les Esserts 138
2856 Boécourt
032 426 62 27

Ich behaupte mal, Madame produziert den besten Toétché des Kantons. Nur auf telefonische Vorbestellung.

Musée agricole
Route de Fahy 90g
2908 Grandfontaine
032 476 63 14

Wie war das mit dem Landleben? Die Öffnungszeiten können variieren. Anrufen!

BÜCHER

Magischer Jura
Pier Hänni

Wanderungen zu Kraftorten.
www.at-verlag.ch

Französischer & Schweizer Jura
Martin Jenni und Hans Ikenberg

Jura praktisch.
www.oaseverlag.de

Luzern

Ausgezählt: Ochsentomaten und 79 weitere Tomatensorten

Monika Fessler-Alig, Hämikon

Der grosse Tobler

Er wird noch kochen, wenn der Sargdeckel auf ihn fällt. Von wem ich rede? Von einem Verrückten, der als Koch geboren wurde. Werner Tobler heisst er.

Diverse Konkurse gaben sich in der «Braui» in Hochdorf die Klinke in die Hand, bevor Werner Tobler kam – der Verrückte aus dem Thurgau, besessen davon, nur das Beste zu kochen. Nicht elitär, nicht luxuriös, nicht abgehoben, sondern frisch, saisonal und regional. Und so schmeckt es auch. Tobler trifft seit Jahren den Geschmacksnerv seiner kontinuierlich wachsenden Stammkundschaft. Mittags und abends geht in der «Braui» die Post ab. Die Beiz ist brechend voll, überall zufriedene Gesichter und gefrässiges Schweigen. So muss es sein, in einem Lokal, in dem alles taufrisch gekocht wird. Kein theoretisches Lippenbekenntnis, sondern praktizierte Kochphilosophie à la Tobler.

Auf den Spuren des Geschmacks

Ganz klar: Werner Tobler ist ein Freund und gehört zu meinen Lieblingsköchen. Er ist einer, der vom Kochen träumt. Tag und Nacht. Einer, der in der Freizeit Kochunterricht gibt, in den Ferien den besten Produkten nachreist und am Sonntag für ein Coq au Vin hunderte von Kilometern abspult, nur um für einige Momente die Glückseligkeit auf der Zunge zu spüren. Ein Verrückter, der eine Partnerin und Gastgeberin mit starken Nerven braucht – und hat. Der Fels in der Brandung heisst Uschi Frapolli, die ihren Werner im Griff hat. Na ja, fast. Tobler ist immer wieder für eine Überraschung gut. Kein Wunder, bei einem Koch, der «Ghackets mit Hörnli und Trüffeln» sein Leibgericht nennt.

Die Speisekarte in den Töpfen

Am liebsten würde Werner Tobler auf eine Speisekarte verzichten. Das funktioniert zwar im Piemont, aber noch nicht ganz in der Schweiz. Trotzdem: Wer als Topfgucker bei ihm in die Küche kommen will, ist herzlich willkommen. Auf ein Glas hereinschauen und zusehen, wie Tobler und sein Team funktionieren und gemeinsam mit ihm auswählen, was auf dem eigenen Teller landet, hat seinen Reiz und wird von den Stammgästen rege genutzt. Wie wäre es mit einem Gitzi-Gigot und neuen Kartoffeln, einem Kalbstafelspitz mit Safrangemüse, einem Eglifilet in Zucchiniblüte oder einem Entenleber-Tiramisù?

Reif fürs Männerhaus: Werner Tobler mit Uschi Frapolli

Restaurant Braui
Uschi Frapolli und
Werner Tobler
Brauiplatz 5
6280 Hochdorf
041 910 16 66
www.restaurantbraui.ch

Ruhetage So und Mo.
Geöffnet Di bis Fr mittags und abends, Sa ab 16 Uhr.
Ideal für Genussmenschen, Hobbyköche, Weinfreaks und Kochphilosophen.
Fumoir Open Air.
Frischluft Grosse Terrasse rund ums Haus.
ÖV Mit der Bahn von Lenzburg oder Luzern bis Hochdorf.
PW Im nahe gelegenen Parkhaus.
Zu Fuss Vom Bahnhof in wenigen Minuten erreichbar.
Speziell Am Küchentisch bei Werner Tobler zu sitzen, ist ein Erlebnis der besonderen Art. Nicht minder spannend ist einmal im Jahr seine exzellente «Metzgete».
Kultur Im gleichnamigen Kulturzentrum.
Küche Kalbsbäggli auf Bohnensalat, glasierte Kalbsbrust an Lavendel, Kutteln mit Pestokartoffeln.
Keller Renommierte Namen aus den Nachbarländern, Newcomer und unbekannte Winzer aus der Schweiz und der Region.
Gut zu wissen Ohne Reservation läuft nichts. In der Gourmetstube oder am Küchentisch (4–6 Personen) geht kulinarisch die Post ab. Im Bistroteil isst es sich gut und preiswert. Bei den Weinen lässt man sich am besten von Uschi Frapolli oder Werner Tobler beraten.
Preise Günstig bis gehoben.

Knipsfreie Zone

In die «Kostgeberei» verirrt sich kaum ein knipsender Tourist. So ganz ohne Fonduefolklore. Wer aber Frischkost liebt, der kommt – und bleibt.

Klein, fein, gut und nur mittags geöffnet. Das ist die «Kostgeberei». Und mittendrin Simon Kraft, der heute den Mut hat, so zu kochen, wie es ihm gefällt. Ohne Rücksicht auf Trends. Das schmeckt und macht Freude. Frei von Luxus- und Industrieprodukten, dafür überraschend, frisch und saisonal. Auf den Tisch kommt, was der Markt hergibt. Vor fünf Jahren hat sich Kraft in die Selbständigkeit entlassen. Er hat Schluss gemacht mit der konventionellen Gastronomie. Nein gesagt zu den arbeitsintensiven Wochenenden, nein zur Hierarchie, nein zur burschikosen Umgangssprache … Einfach nein.

Mit wenig Aufwand zum Erfolg

Ein Minimalist ist er trotzdem nicht. Aber Häubchen, Türmchen und Schäumchen sind nun einmal nicht sein Ding. Dafür holt er mit wenig Aufwand das Maximum aus den ausgewählten, hochwertigen Zutaten, ohne sie gross zu verändern oder gar zu verwürzen. 90 Prozent seiner Produkte sind Bio. Nicht wegen dem Trendlabel, sondern aus Überzeugung. Von 2000 bis 2004 hat er im Ökohotel Ucliva im bündnerischen Waltensburg angefangen, seinen klassischen Kochstil zu verändern. Zugunsten von Natur und Geschmack, was Simon Kraft heute in der «Kostgeberei» perfekt gelingt. Auch bei den vegetarischen Gerichten, die mit Vielfalt überzeugen. Der fleisch- und fischlose Esser wird hier nicht beleidigt, sondern genussvoll verwöhnt.

Die Einmannshow

An seiner Seite einen zweiten Koch zu haben, das geht für ihn nicht. Zu spontan, zu unorganisiert kocht er. Und trotzdem funktioniert das Ganze. Was auf dem Teller landet, sieht nicht nur gut aus, sondern schmeckt auch, was bei seinem Kochstil etwas überrascht. Zum Pedant wird er jedoch beim Kalkulieren. Muss er auch sein, hat ein Kleinbetrieb doch schneller und länger an Fehlern zu kauen als ein gastronomischer Dampfer. Zur Bodenhaftung von Kraft trägt seine Familie bei, für die er sich mehr Zeit nimmt als andere Köche. Und irgendwie überträgt sich das auf seine Speisen. Einbildung? Kann sein. Aber wenn, dann eine schöne.

Kräftiges Rot in der «Kostgeberei» von Simon Kraft

Kostgeberei
Simon Kraft
Ulmenstrasse 14
6003 Luzern
041 360 34 13
www.kostgeberei.ch

Ruhetage Sa bis Mo.
Geöffnet Di bis Fr von 11:30 bis 14 Uhr.
Ideal für Biofreunde und Beizengänger mit Bodenhaftung.
Fumoir Open Air.
Frischluft Nein.
ÖV Mit der Bahn bis Luzern, danach mit der Buslinie 1 bis Paulusplatz.
PW Parkplätze im Quartier oder in den nahe gelegenen Parkhäusern.
Zu Fuss Luzern im Quartier entdecken.
Speziell Ab zehn Personen öffnet Simon Kraft an den Wochenenden und am Abend sein Lokal. Das Angebot erfolgt nach Absprache.
Kultur Themenabende.
Küche Maultaschen auf lauwarmem Kartoffelsalat, Wollschweineschulter mit Dörrzwetschgen, Apfelkuchen mit Dinkel-Quarkteig.
Keller Bio- und Demeterweine, regionale Flaschen und mehr.
Gut zu wissen Kein Mittagessen ohne Reservation. Unspektakuläre, angenehme Atmosphäre.
Preise Mittel.

BEIZEN

Gasthaus Adler
Monika Langenegger und Paul Ottiger
Gerliswilstrasse 78
6020 Emmenbrücke
041 281 18 38
www.gasthausadler.ch
So geschlossen.

Im «vegetarischen Gasthaus mit Fleisch» sind die Spinatknödel einen Versuch wert.

Rössli
Stefan und Monika Wiesner
Hauptstrasse 111
6182 Escholzmatt
041 486 12 41
www.hexer.ch
Mo und Di geschlossen.

Stefan Wiesner hat viele Namen: Alchemist, Hexer, Druide, Naturkoch, Gastrosoph – und eine visionäre Kochkunst, die jeden Gaumen fordert. Wem das zu kompliziert ist, der hält sich an seine Bauernbratwurst. Die beste!

Weinrausch
St.-Karli-Strasse 13c
6004 Luzern
041 241 10 02
www.weinrausch.ch
Leider nur Do oder für private Anlässe geöffnet. Ein Traumort.

BETTEN

St. Michael Chorhof
Ines und Sepp Riesco
Stift 45
6215 Beromünster
041 930 11 05
www.bedundbreakfast.ch

Ausspannen inmitten patinierter Historie aus dem 16. Jahrhundert. Dazu ein opulentes Frühstück. Willkommen in der Provinz mit Geschichte.

The Bed + Breakfast
Isabelle Meier-Holdener und Team
Taubenhausstrasse 34
6005 Luzern
041 310 15 14
www.thebandb.ch
Von März bis Oktober geöffnet.

Die Highlights dieser 2002 sanft renovierten Villa sind die schönen Parkettböden, die Atmosphäre und der Gartensitzplatz. Was fehlt, ist eine Lounge. Ausser bei der Junior Suite befinden sich Bad und Toilette auf der Etage.

BESUCHEN

Brunner Weinmanufaktur
Mathias Brunner
Kommendeweg 3
6285 Hitzkirch
041 910 20 11
brunner-weinmanufaktur.ch

So kann Müller-Thurgau schmecken. Hingehen, degustieren und überrascht sein. Das Kaufen kommt von allein.

Ueli-Hof
Mättiwil
6005 St. Niklausen
041 911 22 20
www.uelihof.ch
Der Bio-Laden ist jeweils Fr von 14 bis 19 Uhr und Sa von 8 bis 13 Uhr geöffnet.

Kein Blabla, sondern Realität. Hier ist die Tierhaltung artgerecht. Das zählt. Das Bio-Label ist Zugabe.

Kleintheater Luzern
Bundesplatz 14
6003 Luzern
041 210 33 50
www.kleintheater.ch

Kleines Theater spielt gross auf.

BUCH

werner tobler cusinier
Werner Tobler, mit Begleittexten von Martin Jenni

Ein Kochbuch, das nicht ins Bücherregal, sondern auf den Küchentisch gehört.
www.at-verlag.ch

Neuenburg

Treibstoff des Fin de Siècle

Absinthe La Valote Martin, Boveresse

Dem Himmel so nah

Der Creux-du-Van ist spektakulär und in der Schweiz einzigartig. Sportler nehmen den vierstündigen Aufstieg in Angriff – oder setzen sich in den Sportwagen.

Die Aussicht ist spektakulär. Vom Parkplatz Le Soliat, zu dem eine Naturstrasse führt, ist es noch eine Viertelstunde bis zum Berggipfel gleichen Namens. Wer schwindelfrei ist, riskiert einen Blick in den 300 Meter tiefer gelegenen Talkessel, wer es nicht ist, spaziert in einer Dreiviertelstunde zur besten Bergwirtschaft des Creux-du-Van, zwischenzeitlich mit Ausblicken über den Neuenburgersee bis hin zur Alpenkette. Wer es ambitiöser mag, der startet in Noiraigue und wandert über die Ferme Robert zum Creux-du-Van nach La Grand-Vy. Schweiss, Hunger und Durst sind einem gewiss. Tipp: Das «La Grand-Vy» verfügt über einige gemütliche Doppelzimmer.

Zu Tisch

Die Gastgeber Mireille und Claude Jacquin tragen lustvoll auf: Rösti mit Pilzragout, Raclette mit Trockenfleisch, Bauernbratwurst, Käseschnitte, Kotelett, Früchtekuchen, einfache Sachen halt, aber in was für einer Qualität. Chapeau – auch für die freundschaftliche Preispolitik. Das spricht sich herum. Wanderer, Nordic Walker, Biker, Automobilisten, alle sitzen fröhlich an langen Tischen und lassen sich verwöhnen. Zum Aperitif wird der exzellente Absinth von Francis Martin aus Boveresse mit Quellwasser aus der «fontaine» getrunken. Die Neuenburger wissen ihr Kulturgut zu zelebrieren. Auch am späten Samstagnachmittag. Gegen Abend verabschieden sich die Tagesausflügler, die angemeldeten Übernachtungsgäste bleiben und lassen sich mit einem Mahl der besseren Art verwöhnen.

Natur pur

Naturliebende Menschen bleiben gleich zwei, drei Tage auf dem Creux-du-Van und sind fasziniert vom spektakulären Felszirkus, der abwechslungsreichen Aussicht, Flora und Fauna, aber auch von den unscheinbaren Nebenschauplätzen wie den mit Moos überwachsenen Steinmauern, den sattgrünen Wiesen und der aufgewühlten Erde, die einen ans Militär erinnert, aber die Wildschweine verursachen, was in etwa… Kurz, hier ist einem der Himmel so nah! Vornehmlich in einer klaren Sternennacht. Dann, wenn die Wildschweine grunzen.

Das Auge sagt nein, das Bauchgefühl ja: Farbkontraste auf der Alp

La Grand-Vy
Mireille und Claude Jacquin
Le Creux-du-Van
2023 Gorgier
032 835 11 41

Ruhetage November bis April.
Geöffnet Mai bis Oktober.
Ideal für Naturfreunde und passionierte Beizengänger.
Fumoir Open Air.
Frischluft Garten mit Holzbänken. Die Kühe laben sich am Gras, die Gäste am Käse.
ÖV Bis ins Val-de-Travers nach Noiraigue. Von hier aus geht es zu Fuss weiter. Nach La Grand-Vy sind es etwas mehr als dreieinhalb Stunden.
PW Parkplätze vor dem Haus. Anfahrt (ausgeschildert) von Couvet (Val-de-Travers) über die vorwiegend geteerten Feldwege nach La Grand-Vy.
Zu Fuss Von Le Soliat den Creux-du-Van entlang in einer Dreiviertelstunde nach La Grand-Vy.
Speziell Ab und zu gibt es Raclette vom offenen Feuer, frisch vom Laib gestrichen.
Kultur Mit Geologen über die Jura-Talkessel fachsimpeln.
Küche Fondue, Entrecôte au Pinot noir, Jambon chaude.
Keller Absinth aus dem Tal, Weine aus den Kantonen NE und VD.
Gut zu wissen Am Mittag wird es hektisch, am Abend romantisch.
Preise Günstig.

Zu Gast bei der Grünen Fee

Der Treibstoff der Dichter und Denker wurde 1910 verboten. Das Schönste an Verboten ist, sie zu umgehen. Das Val-de-Travers hat dies fast hundert Jahre lang vorgemacht.

«Das erste Stadium ist wie normales Trinken, im zweiten fängt man an, ungeheuerliche, grausame Dinge zu sehen, aber wenn man es schafft, nicht aufzugeben, kommt man in das dritte Stadium, in dem man Dinge sieht, die man sehen möchte, wundervolle, sonderbare Dinge.»

So schwärmte Oscar Wilde vom Absinth, dessen Erfolgsgeschichte Anfang des 18. Jahrhunderts im französischen Jura begann. 1830 verwendete die Grande Nation bei der Besetzung Algeriens Absinth als Mittel gegen Malaria. Die französischen Soldaten starben trotzdem, und jene, die überlebten, tranken ihn freiwillig. Bis zu seinem Verbot zu Beginn des 20. Jahrhunderts war Absinth der Treibstoff der Dichter und Denker des Fin de Siècle. Das Verbot hat ihn unsterblich gemacht. Seit der Absinth wieder legalisiert wurde, gehen die Legenden aus, was irgendwie schade ist.

Der Querdenker

Der Absinthbrenner Thierry Guizzardi hat das «Café de la Raisse» gekauft und sich mit den lokalen und kantonalen Behörden angelegt – oder die Behörden sich mit ihm. Je nach Sicht der Dinge. Es sind die Normen und Bauvorschriften für «La Raisse», die Thierry plagen. Auflagen, Bestimmungen, die er nicht verstehen und dementsprechend nicht erfüllen will, was ihm einen offiziell bewilligten Beizenbetrieb verunmöglicht. Vielleicht wäre die Involvierung des Denkmalschutzes die Lösung. Sozusagen als Vermittler zweier zerstrittener Parteien. «Messieurs, c'est l'heure!» – wehren wir uns dagegen, bevor ein Stück helvetisches Kulturgut stirbt. Zumindest für jene Menschen, die eine Beiz als Kulturgut verstehen und wissen, dass auf einer Speisckarte mehr über das Lebensgefühl einer Region zu erfahren ist als auf Gedenktafeln.

Im dritten Frühling

Für achthundert Franken kann man das ganze Haus mieten. Ohne Paragraphen. Und ein Grund zum Feiern gibt es schliesslich immer. Nur Absinth müssen die Gäste mögen. Sonst ergibt das Ganze keinen Sinn. Belohnt wird man mit einer Reise nach damals, mit Mythen, Magie, Fontainen und Grünen Feen. Absinth ist mehr als nur ein Getränk. Im Frühling soll das «Café de la Raisse» seine Renaissance erleben. Die dritte, vierte? Die Hoffnung stirbt zuletzt.

Der Stoff, aus dem Legenden sind: Absinth

Café de la Raisse
Thierry Guizzardi
La Raisse
2114 Fleurier
032 861 46 47
www.raisse.ch

Ruhetage Mo bis Do.

Geöffnet Manchmal ist der Laden ganz zu, dann wieder offen. Unbedingt vorher anrufen.

Ideal für Absinthtrinker, Feen, Individualisten und Nachtschattengewächse.

Fumoir Im Garten.

Frischluft Reizvoller Garten mit Bach und Teich.

ÖV Mit der Bahn bis Fleurier, danach eine knappe halbe Stunde zu Fuss.

PW Parkplätze vor dem Haus, welches ausserhalb von Fleurier im Gebiet La Raisse auf dem Weg nach Ste-Croix liegt.

Zu Fuss Vom Bahnhof in einer knappen halben Stunde zum Café.

Speziell Das Haus kann für private Feste gemietet werden.

Kultur Kunst in Môtiers. www.artmotiers.ch

Küche Trockenwurst, Fondue.

Keller Tropft der Absinth aus der Brennblase …

Gut zu wissen Wann und in welcher Form das Haus offen ist, wissen nur die Auguren zuverlässig. Und die sagen nichts.

Preise Günstig.

BEIZEN

Café du Sapin
Malou Zaugg
Le Bas-Monsieur
2300 La Cibourg
032 968 33 14
Mo und Di und im Januar und Februar geschlossen.

La Grande Dame Malou Zaugg philosophiert, schäkert und kocht. Rôti de porc mit Pommes frites «faites maison» zum Beispiel.

La plage de Boudry
Route du lac
2015 Areuse
032 841 28 22
Von April bis September geöffnet.

Schwimmen wird in dieser stimmungsvollen Buvette zur Nebensache. Statt des Sees lächelt «le plat du jour» und der süffige Neuenburger Wein.

BETTEN

Hotel von Bergen
Evelyne Bühler
Crêt 80
2314 La Sagne
032 931 03 18

Eine gute Adresse für deftige Speisen wie «soupe aux choux» oder Kutteln à la Neuchâteloise. Nur auf Vorbestellung. Die Gästezimmer im alten Trakt sind einfach und gemütlich.

Maison DuBois
Céline Jeanneret
Grande-Rue 22
2400 Le Locle
079 342 25 37
www.maisondubois.ch

Einst eine kleine Uhrmacherfabrik, heute ein reizendes «chambre d'hôtes».

BESUCHEN

Distillerie Absinthe La Valote Martin
Francis Martin
Rue du Quarre 10
2113 Boveresse
032 861 26 54

Seine Absinths sind wundervoll, der Absinthgarten sehenswert, zumindest für die Freunde der Grünen Fee.

La Maison du Fromage
Pierre-Alain Sterchi
Passage du Centre 4
2300 La Chaux-de-Fonds
032 968 39 86
www.fcommefondue.ch
Mo geschlossen.

Schlicht genial. Die Käseauswahl ist beeindruckend, die Qualität ebenso.

Le Croissant Show
Marcel und Graziella Vogel
Rue du Versoix 4
2300 La Chaux-de-Fonds
032 968 76 34

Der Name ist seltsam, das Angebot erstklassig, die «tarte aux noisettes» muss man probieren. In der dazugehörigen Stube gibt es verschiedene exzellente heisse Schokoladen und exquisite Teesorten.

La Chaux-de-Fonds à pied
Auf den Spuren von Le Corbusier, Kultur in Hülle und Fülle. Im Sommer ausgestorben, im Winter eiskalt. In die Stadt verliebt man sich auf den zweiten, dritten Blick oder gar nicht. Für Durst, Hunger und Geist eignet sich das «Café de Paris» (Rue du Progrès 4), für Verliebte und Romantiker drängt sich die «Ferme des Brandt» (Petites-Crosettes 6) auf.

BUCH

Der Richter und sein Henker
Friedrich Dürrenmatt

Liest sich immer wieder gut. Am besten vor dem Centre Dürrenmatt in Neuchâtel mit Blick auf See und Alpen.
www.cdn.ch
www.diogenes.ch

Nidwalden

Die Schöpfung: Zuerst schuf Gott den Sbrinz, dann lange nichts, dann den Parmesan

Molkerei Sepp Barmettler, Stans

Des Müllers Lust

Madeleine und Joe Müller scheinen ein spezielles Faible für Abbruchobjekte zu haben. Das war in Alpnach so und ist in Obbürgen nicht anders.

Seit Jahren wandere ich Madeleine und Joe Müller hinterher. Zum ersten Mal bin ich ihnen in «Madeleines Bistro» in Sarnen begegnet. Danach ging es weiter ins wunderschöne, altehrwürdige «Küchler» in Alpnach, wo heute ein wuchtiger Neubau thront und ich mich frage, warum Kanton, Gemeinde und Heimatschutz diesen Abbruch nicht verhindert haben. Aber das ist eine andere Geschichte. Vor einem Jahr sind die Müllers im Gasthaus Trogen in Obbürgen angekommen. Bis der Bagger kommt…

Glücklich ohne rote Punkte

Mit dem Mut zur Selbständigkeit trat bei Madeleine und Joe der Erfolg ein. Auf Anhieb gab es im prestigeträchtigen «Federal» in Zofingen 14 Gault-Millau-Punkte, die Madeleine aber nicht haben wollte. Bewertungen liegen ihr nicht, sich ins Schema pressen zu lassen erst recht nicht. Also lehnte sie ab, was sie aber nicht daran hinderte, weiterhin auf hohem Niveau zu kochen. Einfach nicht mehr in Zofingen, sondern eben in Sarnen. Sie kann gar nicht anders, als perfekt zu kochen, was Joe manchmal dazu verleitet, darüber zu philosophieren, was gewesen wäre, wenn… Auch hier in Obbürgen, einem abgelegenen Ort, wobei es im Gasthaus nur einsam ist, wenn Regen den Bewegungsdrang der Ausflügler hemmt. Bei Schönwetterlage sieht das Ganze völlig anders aus. Wem es jedoch um die gepflegte Tafel geht, der kommt an unwirklichen Nebeltagen.

Aufbruch statt Abbruch!

Madeleine Müller kocht gradlinig und ohne Firlefanz, was die Produzenten der Region bieten: Wollschwein, Angusrind, Kalb, Hecht. Ab und zu verbindet sie heimische Produkte subtil mit asiatischen Aromen; Schäumchen und Häubchen sucht man bei ihr dagegen vergebens. Serviert wird von Joe, der auftischt, entkorkt, ein- und nachschenkt. Oft überrascht er seine Gäste mit einigen saloppen Bonmots; manchmal gibt er sich wortkarg, ganz nach dem Motto: «Wer länger spricht, verschenkt Zeit.» Apropos Zeit: Auch das Gasthaus Trogen ist eine befristete Bleibe. In drei Jahren soll der Bagger für den Abbruch kommen. Es scheint, dass das Wandern wieder von vorne losgehen wird. Aber noch ist nicht aller Tage Abend…

Aromatische Küche, reifer Käse, rässer Service: Madeleine und Joe Müller

Gasthaus Trogen
Einfach Madeleine
Madeleine und
Joe Müller-Wirz
6363 Obbürgen
041 661 00 10
www.gasthaustrogen.ch

Ruhetage Mo und Di.
Geöffnet Mi bis Sa 11 bis 22 Uhr, So 11 bis 18 Uhr.
Ideal für Naturgänger, Romantiker und Geniesser.
Fumoir Open Air.
Frischluft Wunderschöner Freisitz.
ÖV Von Luzern mit der Bahn bis Stansstad, dann mit dem Bus bis Obbürgen, Haltestelle Abzweigung Trogen.
PW Parkplätze vor dem Haus. Anfahrt über Stansstad und Fürigen nach Obbürgen. Von dort an ist das Gasthaus Trogen ausgeschildert.
Zu Fuss Über Felder und Wiesen rund um den Bürgenstock oder von Ennetbürgen zum Gasthaus Trogen.
Speziell Am besten lässt man Madeleine freie Hand und bestimmt mit ihr nur das Budget. Sie kocht vorwiegend mit lokalen und regionalen Produkten.
Kultur Joe Müller, philosophierender Gastgeber und Entertainer.
Küche Wollschweinshaxe vom Bürgenberg, Felchenfilets an einem Grünerbsen-Pernod-Jus, Dallenwiler Frischgeisskäse mit Sommersalat.
Keller Joe kauft nach Lust und Laune ein. Ab und zu hat er einen frischen, knackigen «Fixin» an Lager.
Gut zu wissen Wer in den Genuss von Madeleines Küche kommen will, ruft vorher an. Die Küche bleibt kalt, wenn man einfach spontan vorbeikommt. Das Haus verfügt über einige Gästezimmer.
Preise Mittel.

Schlüsselfertig

Wer zu Fuss zum «Schlüssel» spaziert, der staunt, wie gross Beckenried ist und wie hoch sein Oberdorf liegt. Doch damit ist mit dem Staunen noch nicht Schluss.

Oberdorf klingt so harmlos – und ist es mit dem Auto auch. Wer dagegen von der Schiffstation zu Fuss hochkommt, ist ein Leichtgewicht, hat Kondition – oder bestellt sich gleich ein Taxi. Beim Erklimmen des Oberdorfes staunt der Laie über die zahlreichen Neubauten, die den Weg säumen. Hier soll ein Hotel sein? Doch plötzlich steht es da, das rote, stilvolle Haus, das sich kokett «Boutique-Hotel Schlüssel» nennt. Das Wort im Untertitel scheint mir wichtiger: Gasthaus! Denn was Gabrielle und Daniel Aschwanden darunter verstehen, ist weder ein blosses Lippenbekenntnis noch banaler Durchschnitt, sondern herzliche Perfektion. Zwar scheint alles spielerisch und spontan, ist aber in jedem Punkt durchdacht und Teil des Konzeptes. Auch das gewöhnungsbedürftige Duzen des Patrons.

Das kennen wir doch

Im «Schlüssel» kommt auf den Tisch, was der Hausherr empfiehlt. Was im Piemont seit jeher praktiziert wird, findet langsam auch bei uns Zuspruch (siehe Krone, Wassen; Wii am Rii, Schaffhausen; Im Büdeli, Berneck): Vorbei sind die Zeiten des Speisebuchs, was zählt, ist ein kleines und überlegtes Angebot, das auf der Schiefertafel steht oder wie im «Schlüssel» vom Gastgeber mündlich vorgetragen wird. Marktfrische und saisonale Küche ist das Eine, gute Qualität das Andere. Beides findet sich im «Schlüssel» vereint, was bei zwei Gastronomen, die sich in den Ferien mit den praktischen Betrachtungen des höheren Tafelvergnügens auseinandersetzen nicht weiter überrascht.

Raucher bleiben draussen

Raucher geniessen nach dem Essen den Sternenhimmel und unterhalten sich dabei diskret, die Nachbarn danken. Raucherlounge? Kein Bedarf. Dafür gibt es einen Spezereiladen, in dem sich Feines und Gutes aus dem Hause Aschwanden einkaufen lässt. Zigarren aber nicht. Was den «Schlüssel» speziell macht: die Küche, das Tafeln inmitten von viel Patina, die aufmerksame Betreuung, die Herzlichkeit. Man spürt, dass die Hausherrin alles im Griff hat und ihrem Haus instinktiv die richtige Note verleiht. Gabrielle und Daniel haben sich vor Jahren während der Kochlehre im «Sternen» in Flüelen kennengelernt. Heute ist sie seine Frau, gemeinsam sind sie ein starkes Team.

Der Schlüssel zum Erfolg: Gabrielle und Daniel Aschwanden

Gasthaus Schlüssel
Gabrielle und Daniel Aschwanden-Huber
Oberdorfstrasse 26
6375 Beckenried
041 622 03 33
www.schluessel-beckenried.ch

Ruhetage Mo und Di.
Geöffnet Mi bis Fr ab 16 Uhr, Sa ab 9 Uhr, So von 9 bis 14:30 Uhr.
Ideal für Schöngeister, Romantiker, Allesesser und Genussmenschen.
Fumoir Open Air.
Frischluft Kleiner Garten.
ÖV Mit Schiff und Bus nach Beckenried-Niederdorf. Achtung, das Dorf ist einige Kilometer lang, zum Oberdorf – der Name kündigt es an – geht es den Berg hoch.
PW Parkplätze vor dem Haus. Ausfahrt Beckenried-Nord.
Zu Fuss Eine Runde Klewenalp. www.klewenalp.ch
Speziell Vor dem Mittag- und Abendessen hat die Spezereihandlung «Schlüssel» geöffnet.
Kultur Theater am Dorfplatz in der Nachbargemeinde Buochs. Nidwaldner Mundart unverdünnt. www.theater-buochs.ch
Küche Hirschfleischküchlein, Hirschwurst, Hirschentrecote – Daniel Aschwanden ist passionierter Jäger.
Keller 250 Positionen – wer hier trinkt und nicht in der Nähe wohnt, reserviert eines der zwölf stilvollen Zimmer.
Gut zu wissen Wer auf diesem Niveau Gastgeber ist, hat sich sieben Wochen Ferien im Jahr verdient. Dann ist das Restaurant zu, das Hotel bleibt offen.
Preise Mittel. Bei den Zimmern wird's gehoben.

BEIZEN

Alpwirtschaft Unterlauelen
Christoph und Marlène
Keiser-Waser
6013 Eigenthal
041 497 26 25
www.unterlauelen.ch
Mi bis Sa von 9 bis 24 Uhr,
So von 9 bis 20 Uhr geöffnet.
Im März geschlossen.

Hier zurückzulehnen, durchzuatmen und sich mit hausgemachten Spezialitäten zu verköstigen, ist Balsam für Geist und Magen. Ob das Nidwaldner oder saisonal bedingte Spezialitäten wie «Metzgete» aus eigener Schlachtung oder Wild aus heimischer Jagd sind, ist egal, die Qualität stimmt. Ein wundervoller Ort mit Stallwanderweg und Hofladen. Und schlafen im Bergheu ist auch möglich. Kompliment!

BETTEN

Hotel Villa Honegg
Peter Durrer
Honegg
6373 Ennetbürgen
041 618 32 00
www.villa-honegg.ch

Schöner geht's nimmer. Mit Traumblick auf See und Alpen. Der Weinkeller ist exzellent bestückt, die Küchencrew muss allerdings nochmals über die Bücher. Die können das sicher besser als beim letzten Mal. Da war das Fleisch trocken und der Preis saftig.

BESUCHEN

Barmettler Molkerei
Daniela und Sepp Barmettler
Dorfplatz 9
6370 Stans
041 619 09 95
www.cheesenet.ch

Mit seinem «Stanser Fladä» wurde Sepp Barmettler in der ganzen Schweiz berühmt, er produziert aber noch diverse andere vorzügliche Rohmilchspezialitäten. Hinzu kommen beste Joghurts, Quarkköstlichkeiten und eine Milch, die besser schmeckt als anderswo. Im gleichen Haus befinden sich eine Bäckerei, eine Metzgerei und ein Gemüseladen. Ein Bonsai-Einkaufsparadies, das es in sich hat.

Holzen Fleisch
Stefan Mathis
Holzen
6373 Ennetbürgen
041 620 83 36
www.holzenfleisch.ch
Direktverkauf am Fr von
14 bis 18 Uhr.

Angusrind, Wollschwein, Kalb und Damhirsch: Wer sieht, wie artgerecht das Vieh gehalten wird, darf sich über Qualität und Preis nicht wundern. Darum: Wenn Fleisch, dann nur in solch einer Qualität, wie Stefan Mathis sie anbietet. Es lohnt sich, auf der Website über die Philosophie des Betriebs zu lesen.

Nidwaldner Museum
6370 Stans
041 618 73 40
www.nidwaldner-museum.ch

Vier Museen in Stans und Stansstad. Und mit dem Kinderklub wird auch an die Zukunft gedacht.

BUCH

Innerschweizer Gesichter – Ein Fotograf und seine Landsleute
Melchior Imboden

Die Bilder sind einzigartig: Sie berühren, regen zum Schmunzeln an, sind schlicht genial. Chapeau!

Obwalden

Urvertrauen: Urdinkel-Hörnli «fatto in casa»

Pasta Röthlin, Kerns

Aus der Dorfapotheke

Zwei Jahre hat Raphael Wey mit dem Chemiekasten gespielt. Die Zutaten fand er in der Dorfapotheke, was seine Gäste aber nicht weiter beunruhigte.

Im Holzrauch geräuchertes Saku-Thunfisch-Tatar, serviert mit Bärlauchschaum, Radieschen-Sorbet und roter Pfeffer-Zuckerwatte mit Wasabi und Sojasauce aus der Pipette: Raphael Wey hat es zwei Jahre lang gefallen, neue Arten des Kochens auszuprobieren. Die Molekularküche war für ihn eine willkommene Abwechslung und die Möglichkeit, kulinarische Grenzen auszuloten. Der Chemiekasten ist mittlerweile im Keller verschwunden. Stattdessen zeigt Wey neugierigen Hobbyköchen und ambitionierten Hausfrauen in seinen Kochkursen nun die Vorzüge der saisonalen Küche. Ohne Alchemie. Seine Gerichte bestechen aber immer noch durch Fantasie und überraschen mit verblüffenden Kombinationen.

Zwischen Steinpilzsalz und Kardamom

Trotz aller Tüftelei vergisst Raphael Wey nicht, wo der «Engel» zuhause ist und was in Sachseln Sache ist. Er enttäuscht weder Puristen noch Gourmets oder Gourmands, die einen Sonntagsbraten mit Nachschlag zu schätzen wissen. Und trotz den zahlreichen Spagaten überzeugt seine Küche durch Präzision. Im Herbst verwöhnt Wey seine Gäste mit Wild und bleibt dabei seiner Kochsprache treu: Carpaccio vom Reh mit Eierschwämmlibonbon und Steinpilzsalz, Randensuppe mit Kardamom und Pfefferchips, Waldpilzravioli mit Nussbutter und Kräutern und als Hauptgang ein Dreierlei vom Hirsch mit Kräuterpolenta und Rahmwirsing, serviert mit schwarzen Nüssen und Melonen.

Applaus für den ambitionierten Künstler

Raphael Wey setzt ab und zu asiatische Aromen ein, die den Gaumen überraschen. Wer denkt bei lokalem Wildgeschnetzeltem schon an eine rote Thai-Curry-Sauce? Dass Marroni, Rosenkohl und Spätzli dazu passen, erstaunt. Schön, wie frech im «Engel» gekocht wird – und dennoch so klassisch-harmonisch, dass auch der Gaumen des Traditionalisten Freude hat. Zur Steigerung des Wohlfühlfaktors trägt der freundliche Service unter der Leitung von Jeannine Wey bei. Fazit: Der «Engel» ist so wohltuend unkompliziert, dass man ihn übersättigten Zürcher Trendsettern als therapeutische Reise nur empfehlen kann.

Die Bilderbuchstube: Gleich kommt das Grosi um die Ecke

Gasthaus Engel
Jeannine und Raphael Wey-Felder
Brünigstrasse 100
6072 Sachseln
041 660 36 46
www.engel-sachseln.ch

Ruhetage Di und Mi.
Geöffnet Do bis Mo.
Ideal für Engel ohne Flügel, Trendsetter und Gourmets.
Fumoir Open Air.
Frischluft Terrasse vor dem Haus. Holztische und -stühle statt Plastik würden dem Freisitz gut anstehen.
ÖV Mit dem Zug bis Sachseln.
PW Parkplätze vor dem Haus.
Zu Fuss Der Visionenweg ist ein Wander- und Meditationsweg, der in einer Stunde Marschzeit vom Geburtshaus des Niklaus von Flüe im Flüeli zu seiner Grabstätte in der Grabkapelle neben der Pfarrkirche in Sachseln führt.
Speziell Ob für den kleinen Hunger oder den grossen Appetit, ob moderne oder klassische Gerichte, der «Engel» eignet sich für (fast) jeden Gast.
Kultur Im Oktober blicken die Älpler an der «Älplerchilbi» auf den Alpsommer zurück.
Küche Das Cordon bleu vom Kalb wird mit Mango-Chutney gratiniert und mit Schinken und Bananen gefüllt. Wer bei dieser Ansage die Nase rümpft, soll zuerst probieren.
Keller Eine Vielzahl von üppigen Europäern und diverse Schweizer Flaschen.
Gut zu wissen Frühzeitig reservieren. Der «Engel» erfreut sich grosser Beliebtheit.
Preise Mittel. Sehr fair kalkulierte Menüs.

Ab in den Stollen

In einer Betriebskantine im Felsen dinieren – muss das sein? Es muss, allein schon wegen dem stimmungsvollen Mittagstisch.

Sich zu verlaufen ist nicht möglich, Fackeln oder Taschenlampen benötigt man auch keine, obwohl es in den Stollen geht. Ja, ein ganzes Stollensystem wartet auf einen und mittendrin befindet sich das Ziel. Aus vier Richtungen ist die «Cantina Caverna» erreichbar, wobei sich der Weg zu ihr durch eine sakrale Raumstimmung abhebt. Mit einer Entdeckungsreise hat das Ganze aber nichts zu tun, Höhlenforscher sind hier fehl am Platz.

Stein und Holz, Licht und Farbe

Die verwendeten Edelmaterialien verursachen Wohlbefinden. Mir jedenfalls geht es so, vor allem am unkomplizierten Mittagstisch. Die Tischplatten biegen sich unter der Last der Schüsseln und Töpfe, aus denen die Gäste selber ihr Essen schöpfen. Dass in der «Cantina» alles so gut funktioniert, dass ein spürbar motiviertes Team am gleichen Strick zieht, dafür sind Barbara Zumbrunn und Roland Vogler verantwortlich. Barbara empfängt, betreut und organisiert mit Argusaugen, denen nichts, aber auch gar nichts entgeht, während Roland marktfrisch, regional und überlegt kocht. Seine feine Klinge hat er unter anderem beim legendären «Chrüter-Oski» in der «Moospinte» in Münchenbuchsee/BE geschliffen.

Schweine und Hühner am Tisch

Zwei der Klassiker am Mittag sind Huhn und Schwein. Damit das Service-Team weiss, welcher Gast was bestellt hat, wird ein Schwein (oder eben ein Huhn) aus Plastik neben das Trinkglas gestellt und nach erfolgtem Service wieder abgeräumt. Amüsant wird's, wenn eine Kollegin den Kollegen lautstark darauf aufmerksam macht, dass es an Tisch 9 noch ein Schwein hat… Mit den Lungerer Älplermagronen ist man als Gast auf der sicheren Seite. Die gibt's ohne Plastiktier. Dass sich die «Cantina» innert sechs Jahren zu einem florierenden Insidertipp entwickelt hat, ist den innovativen Gastgebern und ihrem eingespielten Team zu verdanken. Klar, der Ort ist speziell, mystisch, einzigartig und trägt das Seine zum Besucheransturm bei. Damit der Gast aber nach dem Stillen des «Gwunders» ein zweites Mal an diesen abgelegenen Ort fährt, dafür braucht es mehr, als «nur» eine Kantine im Berg zu sein.

Spätherbst in der Kantine im Berg

Cantina Caverna
Barbara Zumbrunn und Roland Vogler
Walchistrasse 30
6078 Lungern
041 679 77 22
www.cantina-caverna.ch

Ruhetage Keine.
Geöffnet Mo von 9 bis 14 Uhr, Di bis Sa von 9 bis 23 Uhr, So von 9 bis 17:30 Uhr.
Ideal für Jules-Verne-Leser, Abenteurer und Andersdenker.
Fumoir Nur als geschlossene Gesellschaft vor dem Kaminfeuer im Carnotzet.
Frischluft Gibt es durch den Lüftungsschacht …
ÖV Mit der Bahn bis Lungern, dann mit dem Call-Bus (041 679 70 00).
PW Parkplätze vor dem Stollen. Von Lungern in Richtung Brünig ist die «Cantina» ausgeschildert.
Zu Fuss Von Lungern in 40 Minuten den Bach entlang zur «Cantina». Nachfragen, der Weg ist nicht ausgeschildert.
Speziell Gesellschaften können sich beim knisternden Kaminfeuer verwöhnen lassen. Ein Fest der besonderen Art!
Kultur Zwischen Obwaldner «Huismuisig» und Stimmreise.ch, organisiert von den Kulturfreunden Lungern. www.prolauwis.ch
Küche Kräuterrippchen an Marsalajus, Hackbraten mit Kartoffelstock, Zanderfilet an Schnittlauchsauce.
Keller Diverse bekannte Namen aus Italien, Frankreich und der Schweiz. Hier dürfte das Angebot noch etwas spannender werden.
Gut zu wissen Für Frischluftfanatiker ist dies der falsche Ort.
Preise Mittel.

BEIZEN

Lütholdsmatt
Niklaus Imfeld
Meisi
6055 Alpnach Dorf
041 670 11 85
Von Mai bis Oktober geöffnet.

Zum Sitzen und Gucken. Gemütliche Bergbeiz mit Käse und Wurst. Mit dem PW geht's in Alpnach beim Bach «Chli Schliere» scharf rechts, dann auf schmalen Bergstrassen zur Lütholdsmatt.

Mühle
Jakob Berger
Giglenstrasse 2
6060 Sarnen
041 661 12 31
www.muehlesarnen.ch
So und Mo geschlossen.

Ein Quereinsteiger, der geradeaus denkt und klar kocht. Kleine Karte, überraschende Gerichte und ein süffiger Federweiss aus Erlenbach/ZH.

BETTEN

Veränderungen in Obwalden! Meine bevorzugte Unterkunft mit herzallerliebster Betreuung ist nicht mehr: Susann Fürling hat ihr «Christina's B&B» geschlossen. Nur gut, dass meine stilvolle Alternative am 23. Dezember 2011 wiedereröffnet wird:

Hotel Paxmontana
Dossen 1
6073 Flüeli-Ranft
041 660 22 33
www.paxmontana.ch

Das in die Jahre gekommene Jugendstilhotel wird mit viel Aufwand und unter scharfer Beobachtung der Denkmalpflege renoviert, was darauf hoffen lässt, dass das Haus zu seinem ursprünglichen Glanz zurückfindet.

BESUCHEN

Barmettler's Chässtübli
Monica und Karl Barmettler
Sidernstrasse 3
6064 Kerns
041 660 12 32
www.bio-sbrinz.ch

Ein kleiner Käseladen, nichts Hochtrabendes, aber mit einem Bio-Sbrinz der Extraklasse. Auf Wunsch bricht Karl Barmettler das Stück vom Laib anstatt es mit dem Messer abzuschneiden. Bei den sauren Zungen in der Büchse auf der Theke dürfen auch grosse Schleckmäuler zugreifen.

Benediktinerkloster
6390 Engelberg
041 639 61 61
www.kloster-engelberg.ch

Ein stiller Kulturbeitrag. Innehalten und sich an den Holzschnitzereien der Galeriebrüstungen sattsehen. Wer die Stille und das Gebet sucht, kann im Kloster übernachten und die benediktinische Lebensart kennenlernen.

BUCH

Gred und anderi niwi Gedicht
Julian Dillier

Der Kernser Julian Dillier ist für seine im Obwaldner Dialekt verfassten Gedichte bekannt. Neben Theaterstücken und Hörspielen sind von ihm Gedichtbände erschienen. Ihm wurden viele Ehrungen zuteil, obwohl oder gerade weil er ein kritischer Zeitgenosse war und sich nicht davor scheute, auch Unangenehmes auf den Tisch zu bringen.
www.orteverlag.ch

Sankt Gallen

Mais im Kanton: Rheintaler Ribelmais

Trägerverein Culinarium, Salez

Der kochende Alleskönner

Dreihundert Jahre alt ist das Haus, etwas jünger sind die sympathischen Gastgeber und noch jung sind die von Mund geblasenen Weingläser.

Seit vierzehn Jahren kochen Theresa und Urs Zünd für ihre Gäste im «Büdeli», einem dreihundert Jahre alten Rheintalhaus mit Nippes, Kunst, Holzofen und offener Feuerstelle. Ihre ersten Gerichte waren bescheiden, kamen aus dem Römertopf – und bei den Gästen an. Je mehr Appetit diese bekamen, umso mehr reifte bei den Zünds die Idee der eigenen Beiz. Es dauerte keine neun Monate, und das «Büdeli» war geboren, getauft und mit dem Segen des Amtes bewilligt. So geht das in Berneck, und so geht das bei Urs Zünd, der in seinem Leben schon viele Berufe ausübte. Er war Postbeamter, Weinbauer und Lüftungsmonteur, heute ist er Künstler, Sammler, Glasbläser, Gastgeber und Koch. Und morgen … Der Zündstoff im «Büdeli» wird noch lange nicht ausgehen.

Gesagt, getan

Urs Zünd ist keiner, der sich lange mit theoretischen Fragen beschäftigt. Als talentierter Autodidakt setzt er aufs Praktische. So auch in seinem sehr persönlich geführten und erfolgreichen Restaurant. Seine Gäste kommen nicht nur aus der Region, sondern auch aus der Zentral- und Nordwestschweiz und aus Österreich. An den langen Holztischen in den zwei gemütlichen Stuben bleibt keiner lange allein, das Ganze ist mehr privater als öffentlicher Raum, nicht selten kommt der Gast als Fremder und geht als Freund. Das mag sich pathetisch anhören, ist aber so.

Ein Menü am Abend

Je nach Anfrage bestimmt der erste Gast den Umfang des Menüs. Das können drei, vier oder gar fünf Gänge sein. Budget und Lust bestimmen mit. Was dann genau im Kochtopf, auf dem Grill oder im Kessel landet, entscheidet die Kochlaune des Paars, eine detaillierte Speisekarte führen sie nicht. Das Fleisch wird über dem Holzfeuer zubereitet, die Zutaten brutzeln, schmoren oder braten, der stattliche Weinkeller macht den Rest. Warum nicht zu Beginn einen Federweisser von Peter Indermaur aus Berneck und danach vielleicht einen lokalen Blauburgunder oder einen der zahlreichen Amarone, die Urs Zünd anbietet? Allerdings wird das Trinken dann philosophisch … und der Abend lang. Auch gut.

Zivilisierte Tischkultur in Berneck: Im Büdeli

Im Büdeli
Theresa und Urs Zünd
Taastrasse 2
9442 Berneck
071 744 39 25
079 600 76 81
www.urszuend.ch

Ruhetage So bis Di.
Geöffnet Mi bis Sa ab 19 Uhr. Telefonische Voranmeldung erforderlich.
Ideal für Glasbläser, Heimat- und Weinkundler und Romantiker.
Fumoir Open Air.
Frischluft Schöner Natur- und Kräutergarten mit Blechtischen, Holzbänken und -stühlen.
ÖV Mit der Bahn nach St. Gallen, mit dem Bus via Heiden/AR nach Berneck.
PW Parkplätze im Dorf.
Zu Fuss Spaziergang im nahe gelegenen Weinberg von Rheineck, der sich zur Wandertour ausbauen lässt: Rheineck – Thal – Buechstig – Rheineck. www.winecity.ch (St. Gallen)
Speziell Die hauseigene Glasbläserei ist von Mi bis Fr morgens und nachmittags sowie am Sa von 9 bis 16 Uhr geöffnet.
Kultur Fragen Sie Urs Zünd beim Lebenswasser nach der Geschichte vom Fuchs, dem Huhn und dem Bildhauer.
Küche Steinpilzsuppe, Pilzsalat, Bisonfilet, Kalbskotelett, «Kartoffelstampf».
Keller Lokale Weine aus Berneck und der übrigen Schweiz, diverse üppige Italiener und Spanier.
Gut zu wissen Das «Büdeli» hat nur auf Voranmeldung geöffnet und bewirtet maximal 22 Gäste.
Preise Mittel. Bei gewissen Weinen wird's gehoben.

Vergesst Italien

Italien wäre so schön, wenn nur die Italiener nicht wären. Sie sprechen «deutsh» und servieren im Ristorante Eisbein. Wer will das schon?

Der Kabarettist Gerhard Polt zeigt in seinem Spielfilm «Man spricht deutsh» (1988) eine Aneinanderreihung komischer bis makabrer Szenen aus dem Leben deutscher Pauschaltouristen in Italien. Der Alltag im «Baratella» sieht anders aus. Hier verkehren keine Pauschaltouristen, sondern Künstler, Banker, Politiker und Normalsterbliche. Ein buntes Völkchen, das schlemmt, zecht und manchmal überhockt. Viele sind Wiederholungstäter, viele sassen bereits als Kinder an den weissgedeckten Tischen, heute kommen sie mit ihrem Nachwuchs zur kulinarischen Weiterbildung und putzen ihm nach dem Essen mit der Stoffserviette die Mundwinkel sauber.

Von Benjamino zu Franco

Seit 1954 wirtet die aus dem Trentino stammende Familie Marchesoni im «Baratella». Deutsches Eisbein serviert sie keines, dann schon eher «Zampetto di porco», vornehmlich am Samstagmittag, wenn das traditionelle «Bollito misto» aufgetragen wird. Das ist eine Tradition im «Baratella», an der nicht gerüttelt wird, wie an so vielem nicht, auch wenn seit 1989 mit Franco und seiner Frau Andrea die zweite Generation das Sagen hat. Auch nicht an der Pasta «fatto in casa», die von Mutter Carolina Marchesoni seit Beginn im ersten Stock des Hauses produziert wird. Gut, heute darf Tochter Chiara mithelfen. Wie es geht, sagt aber immer noch La Mamma. Basta! Das «Baratella» ist ein Familienbetrieb wie im Theater, in dem auf der Bühne St. Galler Dialekt und hinter den Kulissen italienisch gesprochen wird.

Ein sicherer Wert

Die wunderschöne Gaststube ist seit neunzig Jahren nahezu unverändert, die Speisekarte brilliert mit Klassikern, das Ganze erinnert an eine bürgerliche Trattoria von damals. Die Beilagen sind separat aufgeführt und zu bezahlen, die Mistkratzerli sind aussen knusprig und innen saftig, die Pasta frisch und das zarte «Costoletta Papagallo», bestehend aus 260 g mit Schinken und Käse gefülltem Schwein, ist ideal für Damen und Herren mit Appetit. Übrigens: Die «Piselli alla Mamma Dorina», Erbsen mit Speck und Zwiebeln, sollte man sich nicht entgehen lassen. Sie sind das Lieblingsgericht von Nonno Benjamino Marchesoni.

Mit grossem Fuss zum «Bollito misto»: Franco Marchesoni

Restaurant Baratella
Andrea und Franco Marchesoni
Unterer Graben 20
9000 St. Gallen
071 222 60 33
www.restaurantbaratella.ch

Ruhetage So.
Geöffnet Mo bis Sa mittags und abends.
Ideal für Pastafreunde, Stadt- und passionierte Italiengänger.
Fumoir Open Air.
Frischluft Kleine Innenhofterrasse, die mit der Atmosphäre in der Gaststube nicht mithalten kann.
ÖV Mit Bahn und Bus.
PW Parkplätze im gegenüberliegenden Parkhaus.
Zu Fuss Durch die St. Galler Altstadt und auf einen Sprung ins «August» an der Augustinergasse 31.
Speziell Am Samstagmittag wird dem «Bollito misto» gehuldigt. Italien mitten in St. Gallen. Die selbst hergestellte Pasta wird über die Gasse verkauft.
Kultur Findet sich einerseits an den Wänden von Künstlern, die ihre Besuche malend abverdienten, und andererseits auf der Speisekarte. Diese wird stets von Künstlern gestaltet: von Piero Dorazio, Giuseppe Santomaso und Rolf Hauenstein zum Beispiel.
Küche Klassisch italienisch mit Risotto, Fegato und Co.
Keller Ein Querschnitt durch Italien mit rund 75 Provenienzen.
Gut zu wissen Trotz der relativ umfangreichen Karte wird frisch gekocht. Stammgäste halten sich an die Klassiker oder an das Tagesangebot.
Preise Mittel.

BEIZEN

Michelas Ilge
Michela Abbondandolo
Kapellgasse 6
9320 Arbon
071 440 47 48
www.michelasilge.ch
Di bis Sa ab 8:30 Uhr geöffnet.

Gut und unkompliziert, mit einer Gastgeberin, die ambitiös, aber nicht überkandidelt kocht. Die Pasta ist «fatto in casa», der Risotto hat Biss und die à la carte-Suppen (um die Fr. 10.–) sind jeden Franken wert.

Restaurant Windegg
Erika Walser
Windegg
9404 Rorschacherberg
071 855 30 41
Von März bis Weihnachten von Do bis So ab 9 Uhr bis Sonnenuntergang geöffnet.

Die Aussicht ist grandios, die Küche gut, was zählt, ist der Ort.

BETTEN

Haus zur Krone
Bernadette Zäch und Werner Hagger
Freienbach 18
9463 Oberriet
071 761 00 62
www.haus-zur-krone.ch

Mit viel Geschmack und noch mehr Geld wurde der einstige Landgasthof zu einem B&B umgebaut. Kulinarisch verwöhnt wird man von der resolut-sympathischen Inhaberin, die aus ihrem Elternhaus eine internationale Begegnungsstätte gemacht hat.

Hotel Alpenhof
Andreas Gubler und Marcel Frey
Oberdörflistrasse 16
7326 Weisstannen
081 723 17 63
www.alpenhof-weisstannen.ch

Patiniert, mit zeitgemässem Service. Am Abend ein Dreigänger, Weine aus Mels und die Nacht in reiner Historie. Wer Ruhe in behüteter Atmosphäre sucht, ist hier richtig. Kompliment!

BESUCHEN

Forster Metzgerei
Peter und Marcel Forster
Bischofszellerstrasse 338
9212 Arnegg
071 385 16 68

Zwar gilt Oscar Peter von der Metzgerei Schmid als Gralshüter der St. Galler-Bratwurst, die beste kaufe ich aber in der Forster Metzgerei – behaupte ich mal. Vater Peter und Sohn Marcel kaufen das Vieh regional ein, schlachten und wursten im Betrieb. Eine hervorragende Metzgerei.

Praliné Scherrer
Vittoria Hengartner
Marktgasse 28
9000 St. Gallen
071 222 18 52
www.praline-scherrer.com
Di bis Sa ab 8:30 Uhr geöffnet.

Die Produktion ist fest in Frauenhand. Exzellente Süssigkeiten, die giftgrünen Caracs sind Pflicht.

Trägerverein Culinarium
Rheinhofstrasse 11
9465 Salez
058 228 24 60
www.culinarium.com

Über 1000 regionale Produkte von 300 Produzenten finden sich unter der gelben Krone des Trägervereins Culinarium. Kulinarische Kulturgüter, über die Geschäftsführer Andreas Allenspach gerne persönlich Auskunft gibt.

BUCH

Bodensee
Peter Peter

30 kulinarische Eskapaden von und mit Peter Peter.
www.oaseverlag.de

Schaffhausen

Tränen lügen nicht: Bölletünne

Restaurant Wii am Rii, Schaffhausen

Einfach, oder?

Im «Wii am Rii» wird gegessen, was Madame kocht und Monsieur serviert. Wem das nicht passt, der kann vor der Tür bleiben. Bleibt aber keiner.

In der Küche schwingt Oberschwester Gabi die Pfannen: Kurz vor der Pensionierung hat sie ihren Beruf an den Nagel gehängt und die Wirteprüfung gemacht. Seither kocht sie im «Wii am Rii» wundervolle Klassiker, die Lebenspartner Ueli Münger mit launigen Sprüchen auftischt. Ueli ist aber weit mehr als ein Sprücheklopfer. Sein Humor ist fein, überraschend, die Pointen sitzen. Mit dem Hut geht er trotzdem nicht um, sondern mit den Weinflaschen, die er kredenzt und auf dem Tisch stehen lässt. «Das isch Läbenskultur», genauso wie das Vitello Tonnato von Gabi. «S bescht, sägeds», sagt Ueli.

Alles bleibt anders

Ueli empfängt seinen Gast als Freund, sofern sich dieser zu benehmen weiss. Ohne Anstand hat der Gast einen schweren Stand. Er fliegt raus, bevor er weiss, wie ihm geschieht. Das war zumindest zu Beginn so, als Ueli einigen Herren mit steifem Hals sagen musste, was bei ihm Sache ist. Nach sechs Jahren ist seine Klientel justiert. In der kleinen Gaststube trifft sich eine illustre Gesellschaft mit Appetit, die sich an den imposanten Dingen freut, die da aus der Küche kommen. «Schniposant» zum Beispiel, bei dem die Panade und die Pommes frites selbstgemacht sind. Wie schreibt doch Kollege Peter Peter: «Wer im Sommer im Rhein zur Arbeit schwimmt, ist einfach gut drauf.» Genau.

Präzise Handarbeit

Das Rezepte-Repertoire von Gabi und Ueli umfasst rund 300 Gerichte: Wildsauragout, Geschnetzeltes, Kalbsbäggli, Milkenpastetli, Kalbsrücken, Mistkratzerli ... Was kommt, schmeckt. Bei zwei so verfressenen Charakteren erstaunt das auch nicht weiter. In ihren Ferien fahren sie den guten Beizen nach, im Alltag durchforsten sie die Region nach den besten Produkten. So kommt bei ihnen der Spargel nicht im Februar aus Dingsda, sondern im Mai aus Ramsen. Keine Holzpflöcke, sondern feine, ungemein aromatische Stangen, die sich in einer exzellenten Sauce Hollandaise von Gabi suhlen dürfen. Fazit: Das «Wii am Rii» ist ein spektakulär unspektakulärer Ort mit sympathischen Gastgebern. Einfach, oder?

Liebe geht durch den Magen: Gabi Winzeler und Ueli Münger

Restaurant Wii am Rii
Gabi Winzeler und
Ueli Münger
Fischerhäuserstrasse 57
8200 Schaffhausen
079 259 92 47
www.wiiamrii.ch

Ruhetage So bis Di.
Geöffnet Mi bis Sa ab 16 Uhr.
Ideal für Allesesser, Raucher, Romantiker und Hobbyköche.
Fumoir In der Beiz darf geraucht werden. Dank guter Lüftung fühlt sich auch der Nichtraucher wohl.
Frischluft Eine sonnige Bank für das erste Glas mit Blick auf Strasse, Parkplatz und Rhein (in dieser Reihenfolge).
ÖV Anreise mit dem Zug, danach mit dem Bus 5 oder 8 bis Schifflände.
PW Parkplätze vor dem Haus, die meistens besetzt sind. Also im nahe gelegenen Parkhaus.
Zu Fuss Ein Rundgang durch Schaffhausens wunderschöne Altstadt.
Speziell Es wird gegessen, was Gabi kocht. Was das wann sein wird, steht frühzeitig auf der Website.
Kultur Auf ein Wort mit dem Patron oder ein Griff ins Bücherregal.
Küche Schweinsfuss, Rindsfilet, Rahmschnitzel, Geschnetzeltes mit Rösti.
Keller Der Meister empfiehlt! Es stehen rund ein Dutzend Weine zur Auswahl. Darunter auch einige Schaffhauser Flaschen.
Gut zu wissen Einfach mal spontan hingehen funktioniert gar nicht. Der Laden brummt. Vorher anrufen ist Pflicht.
Preise Mittel.

Bühne frei

Das perfekte kulinarische Kammerspiel findet in der Küche statt, das stilsichere Variété auf der hauseigenen Bühne. Applaus!

Mittwochabend in der «Schützenstube». Erster Akt: Der Gast tritt ein, setzt sich hin, bestellt, der Service spurtet, in der Küche schmort der Braten, das «Vorstadt Variété» tritt auf, der Gast staunt, steht auf, klatscht, setzt sich wieder hin ... Vorhang! Zweiter Akt: Der Herd heizt, im Kochtopf zischt das Wasser, der Deckel fliegt, die Teller auch, nochmals von vorn. Der Braten tritt auf, der Service ab, der Gast isst, trinkt, zahlt, geht und kommt wieder. Ein Wiederholungstäter, wie alle Besucher des Esstheaters. Die Winterabende des «Vorstadt Variétés» in der «Schützenstube» haben Kultstatus, sind bei den Schaffhausern beliebt und immer sehr schnell ausgebucht.

Pilze, Kräuter und mehr

Wer gerne ohne Theater isst, besucht die «Schützenstube» ausserhalb der Vorstellungszeit und freut sich über die marktfrische Küche. Annegreth Eggenberg kommt spielend ohne Firlefanz aus. Lieber spürt sie vergessenes Gemüse auf, oder Pilze im Wald. Dass sie Talent zum Kochen hat, erkannte sie als spontane Kochhilfe in einem Männerheim der Heilsarmee. Die Laune der Bewohner besserte sich von Tag zu Tag, und Annegreth Eggenberg blieb gleich ein ganzes Jahr.

Ehrlich, authentisch, kreativ

Coca-Cola sucht der Gast in der «Schützenstube» vergebens. Dafür gibt es Ketchup und Pommes frites, natürlich hausgemacht. Wie auch das Brot, einige Currys, die Fonds, der Rotweinessig. Der Sirup kommt aus ihrer alten Heimat: Annegreth Eggenberg bezieht ihn bei Mathias Wirth, dem «Sirupier de Berne». Sie setzt konsequent auf Qualität und hat ihre Prinzipien. US-Beef kommt ihr nicht in die Pfanne, das mit Schimmelpilz veredelte – vergleichbar mit der Käsereifung –, exquisite Schweizer Rindfleisch Luma Beef dagegen schon. Eine geniale Erfindung der beiden Schaffhauser Jungunternehmer Lucas Oechslin und Marco Tessaro, welche damit vorwiegend die Spitzengastronomie à la Andreas Caminada (Schloss Schauenstein, Fürstenau/GR) beliefern. Auch bei der «Schützenstuben»-Köchin kommt die Qualität vor dem Preis. Schön, nicht?

Köchin mit feiner Klinge: Annegreth Eggenberg

Schützenstube
Annegreth Eggenberg und
Anita Schwegler
Schützengraben 27
8200 Schaffhausen
052 625 42 49
www.schuetzenstube.ch

Ruhetage Sa und So.
Geöffnet Mo bis Fr ab 9:30 Uhr.
Ideal für Vegetarier, Variétégänger und Genussmenschen.
Fumoir Am alten Brunnen, draussen vor dem Tor.
Frischluft Gartenterrasse.
ÖV Mit dem Zug bis Schaffhausen.
PW Parkplätze hinter dem Bahnhof und am Schützengraben.
Zu Fuss 300 Erker locken in der Altstadt zur Besichtigung.
Speziell Annegreth Eggenberg ist eine exzellente Köchin für Vegetarisches, die den Spagat zwischen Lammbraten und Gemüseterrine mühelos beherrscht.
Kultur Von November bis Januar tritt jeweils am Mi und Do das «Vorstadt Variété» auf der kleinen Bühne der «Schützenstube» auf. www.vorstadtvariete.ch
Küche Sbrinz-Mousse auf Frühlingssalat, Entrecote mit Pfeffersauce, Kalbsgeschnetzeltes.
Keller Filigrane Weissweine aus der Region und dem Wallis. Bei den Rotweinen wird's üppiger.
Gut zu wissen Der Laden ist stets voll. Frühzeitig reservieren.
Preise Mittel.

BEIZEN

Hofgut Oberwald
Familie Zimmermann
8261 Hemishofen
052 741 24 21
www.hofgut-oberwald.ch
Do, Fr und von Dezember bis Februar geschlossen.

Speck, Schüblig, Schwartenmagen, dazu Bauernbrot oder auf Vorbestellung heisser Beinschinken mit Kartoffelsalat. Im Herbst sind Rippli mit Sauerkraut angesagt.

Casa José im Alpenblick
José Cedron
Stimmerstrasse 76
8200 Schaffhausen
052 624 90 30

Bei José studiert man weder die überladene Menükarte noch kümmert man sich um die schreckliche Architektur des Hauses. Hier schwelgt man in Tapas und verdaut mit Carlos Primero.

BETTEN

Hotel Parkvilla
Max Schlumpf
Parkstrasse 18
8200 Schaffhausen
052 635 60 60
www.parkvilla.ch

Zum Frühstücksei gibt es stilvoll den Perlmuttlöffel, zum schlappen Brot stillos die portionierten Hero-Konfitüren. Widersprüche werden in der «Parkvilla» von Inhaber und Gastgeber Max Schlumpf liebevoll kultiviert – und gehen bei einem Glas Portwein schnell vergessen. Tipp: Wenn hier übernachten, dann richtig feudal und die Dachkammern meiden.

BESUCHEN

Chäs Marili
Beat Hofstetter
Fronwagplatz 9
8200 Schaffhausen
052 625 16 37
www.chaes-marili.ch
Mo bis Sa ab 8 Uhr geöffnet.

Beat Hofstetters Käseladen überzeugt durch opulente Auswahl. Wen das sprachlos macht: Der Patron erklärt wortgewaltig, sachkundig und geduldig.

Gnädinger Bräu
Rolf und Bruno Gnädinger
Wiesholz 36
8262 Ramsen
052 740 11 53
www.ramserbier.ch

Lokales Bier schmeckt immer besser. Vor allem das rotbraune «Gnädinger Dunkel».

Haberhaus
Claudio Peruzzo
Neustadt 51
8200 Schaffhausen
052 620 06 60
www.haberhaus.ch
Mo bis Sa ab 16:30 Uhr geöffnet.

Beiz, Bar und Kulturklub. Ideal für den Schlummertrunk, für den kleinen oder grossen Hunger und für eine Portion Kultur.

BUCH

Die Tanne – Ein Stück Schaffhausen
Bea Hauser und Roland Schöttle (Texte), Rolf Wessendorf (Bilder)

Im März 2011, im Alter von 93 Jahren, hat die Wirtin Margrit Zimmermann den Schlüssel ihrer zur Institution gewordenen Gaststube «Tanne» zum Entsetzen der Stammgäste für immer umgedreht. Was bleibt, sind Erinnerungen und ein Bildband, den jeder passionierte Beizengänger haben muss. Direkt zu beziehen bei Roland Schöttle: 052 625 92 54.

Schwyz

Grand Cru

«Abgefüllt» bei Max Felchlin, Ibach

König Franz – Koch des Jahres 2012

Er sitzt nicht an der Tafelrunde, sondern steht in der Küche. Er bewirtet keine ehrenwerten Ritter, sondern glückliche Gäste. Und sein Heiliger Gral ist der Weinkeller.

Arthur wurde mit fünfzehn Jahren König von England und Wales, Franz Wiget wusste mit fünfzehn, dass er zum Bratkünstler geboren ist. 35 Jahre später wird er zum Koch des Jahres gekrönt: Königsmacher Gault Millau hat ihm für 2012 die Krone aufgesetzt, der Mitstreiter Michelin hat Franz etwas früher mit dem zweiten Stern geadelt. Die Bodenhaftung ist Franz Wiget geblieben. Ja, es geht bürgerlich zu am Hofe. Steife Oberlippen finden sich keine, dafür ein innovativer Hofstaat und Königin Ruth, die sich herzlich um die 22-köpfige Tafelrunde kümmert. Eine Legende? Nein! Eine nachhaltige Erfolgsgeschichte.

Kalbskopf, Kutteln & Co.

Vor über zwanzig Jahren habe ich das erste Mal bei Franz Wiget gegessen. Es gab Kalbskopf, gratinierte Kutteln und Lamm mit Minze. Mein achtjähriger Sohn Michael hielt mit, was Franz und mich freute. Damals war das «Adelboden» noch eine einfachere Beiz, mit den Jahren hat sich der Landgasthof herausgeputzt, fein gemacht – und mit den Sternen und Punkten sind die Preise gestiegen. Kalbsköpfe und Kutteln sind verschwunden, die Herrgottsecke ist geblieben, der Weinkeller explodiert: 8000 Flaschen bei 500 Positionen. Kochen macht Durst, essen auch.

Complet!

In den nächsten Wochen und Monaten wird es eng werden im «Adelboden». Die Schweiz und Europa werden bei den Wigets anklopfen. Ruth wird alles im Griff haben, Franz wird in der Küche umhertigern, sich die Finger am Herd verbrennen und mit seinem jungen Team königlich kochen. Vielleicht eine Bouillabaisse aus Hummer, Rochen, Saint-Pierre, Kabeljau, Miesmuscheln und Vongole, ein Freilandferkel im Bergheu oder Gämspfeffer mit «Gummelistunggis», seinem berühmten Kartoffelstock. Neben Luxusprodukten wie Languste, Hummer, Entenleber und Périgord-Trüffel setzt Franz seit jeher vorwiegend auf lokale und regionale Produkte. Bei all dem Rummel um seine Person wird sich Franz Wiget wohl auch ab und zu im Kloster Einsiedeln mit zwei befreundeten Patres und dem ehemaligen Klosterküchenchef Egon Abgottspon treffen, um mit ihnen über Gott, die Welt und das gefrässige Schweigen zu philosophieren. Dann ist er dem Himmel ganz nah – auch ohne Sterne.

Die kulinarische Krönungsmesse: zu Gast bei König Franz

Restaurant Adelboden
Ruth und Franz Wiget-Keiser
Schlagstrasse
6422 Steinen
041 832 12 42
www.wiget-adelboden.ch

Ruhetage So und Mo.
Geöffnet Di bis Sa mittags und abends.
Ideal für Gourmets und solche, die es werden wollen.
Fumoir Open Air.
Frischluft Schöne Terrasse mit Weitblick.
ÖV Mit der Bahn bis Schwyz, dann mit dem Taxi zum «Adelboden». Das Restaurant liegt an der Hauptstrasse zwischen Schwyz und Sattel, nach Steinen geht's in die falsche Richtung.
PW Parkplätze vor dem Haus.
Zu Fuss Der Jakobsweg lockt. Der berühmte Pilgerweg nach Santiago de Compostela führt von Pfäffikon/SZ über den Etzelpass nach Einsiedeln und weiter über die Haggenegg nach Schwyz, was gut für den Appetit ist. www.jakobsweg.ch
Speziell Zehn Personen kümmern sich um 22 Gäste.
Kultur Das Kloster Einsiedeln (20 km entfernt) bietet eine Fülle von Sehenswürdigkeiten. Darunter die klösterliche Pferdezucht oder die Weinkellerei von Kellermeister Bruder Eduard. www.kloster-einsiedeln.ch
Küche Seesaibling mit Morcheln an einer Château-Chalon-Sauce, Poulardenterrine mit warmer Vinaigrette, konfierte Muotathaler Kalbsbrust, Chartreuse-Parfait.
Keller 8000 Flaschen, 500 Positionen, darunter zahlreiche Schweizer Provenienzen.
Gut zu wissen Wenn hier essen, dann richtig: Das grosse Degustationsmenü lockt.
Preise Hoch.

Gersauer Originale

Die «Traube» ist keine barocke Heimatstube, sondern eine verwitterte Beiz mit zwei Originalen und einer charmanten Köchin, die weiss, was sie tut.

Nicht nur der romantische Pianist und Komponist Johannes Brahms sonnte sich an der Ostschweizer Riviera in Gersau, auch Königin Wilhelmina von Holland zog es in den Sommermonaten in die einst kleinste Republik der Welt. 1875 gab es hier rund 30 Hotels, Gasthäuser, Pensionen und Restaurants, aber keine eigene Republik mehr. Die ging 1817/18 nach rund 400 Jahren an Schwyz verloren. Von der ruhmreichen Vergangenheit ist nicht viel übrig geblieben. Nur in Sachen Klima nimmt Gersau es immer noch locker mit Kurorten wie Lugano, Montreux oder Meran auf. In allem anderen weniger. Dafür haben die Einheimischen ihren Original Gersauer Käsekuchen – und Rainer, das zweibeinige Original in der «Traube».

Das Original

Statt Trauben hängen am Balkon der «Traube» Käselöcher. Sattgelb hingemalt leuchten sie dem Besucher den Weg. Rainer begrüsst sein Publikum stets mit launigen Worten, schenkt ein und fragt, was der Gast will. Zwar liegt auf dem Tisch die gelbe (die Farbe ist beliebt) Speisekarte aus Kunststoff, doch die interessiert niemanden, da eh allen klar ist, was bestellt wird. Die Laune entscheidet höchstens, ob es das Original (nur mit Käse) sein soll oder für einmal die Variante mit Speck oder Salami oder Knoblauch oder... Fleischtiger halten sich an das Cordon bleu, den zweiten Renner im Hause, den Maria ebenso gekonnt zubereitet. Schade nur, dass Rainer keine Lust hat, Kartoffeln zu schälen und die Frites Industrieware sind.

Es lächelt der See

Als Verdauungsprogramm bietet sich das kleine, feine Chindli-Strandbad an, das zwei Kilometer ausserhalb von Gersau in Richtung Brunnen liegt. Ein exklusives Sommerversteck mit manikürten Damen, die am Champagnerglas nippen und den See aus der Distanz betrachten. Von hier aus sind es nur noch wenige Minuten zur Chindli-Kapelle, einem vor dreizehn Jahren renovierten Schweizer Kulturgut mit grandiosem Umschwung und Sitzplätzen im Baumschatten. Leider ist die Kapelle geschlossen, Jesus will alleine sein. Rainer nicht. Und das zweite Stück Käsekuchen von Maria lockt sowieso...

Originale unter sich: Käsekuchen, Maria und Rainer Camenzind

Restaurant Traube
Maria und Rainer Camenzind
Tschalungasse 9
6442 Gersau
041 828 11 67

Ruhetage Mi und Do.
Geöffnet Fr bis Di.
Ideal für Puristen.
Fumoir Open Air.
Frischluft Kleine Terrasse am Haus und Freisitz unter der Linde.
ÖV Via Brunnen mit Bus oder Schiff oder mit der Autofähre von Beckenried.
PW Parkplätze im Dorf.
Zu Fuss Der Seepromenade entlang oder die Rigi hinauf.
Speziell Im Herbst gibt es an wenigen Tagen Wild und Steinpilzrisotto.
Kultur Die «Traube» ist eine Fasnachtshochburg. Der Gastgeber war einst «Hochgeachteter Herr Gerfaz», *die* Gersauer Fasnachtsfigur. Ausserhalb der Narrenzeit lockt die Wallfahrt zur Chindli-Kapelle.
Küche Was zählt, ist der Käsekuchen.
Keller Weisser, Roter und einige spezielle Flaschen nach dem Zufallsprinzip.
Gut zu wissen Die wilden Zeiten und legendären Zigeunernächte in der «Traube» sind vorbei. Es geht einiges ruhiger zu und her als auch schon.
Preise Günstig bis mittel.

BEIZEN

Stäfel
Karl Reichmuth
Hoch-Ybrig
8843 Oberiberg
055 414 15 32
www.staefel.ch

Im «Adler» in Ried und im «Kaiserstock» in Riemenstalden wird exzellent gekocht. Einer, der den Flachländern weniger bekannt ist, ist der Stäfel-Kari, der auf 1588 m ü. M. mit lokalen Produkten ebenfalls wundervoll kocht. Im Sommer ist er für die Forellen aus dem Wildbach berühmt, im Herbst für seine Pilz- und Wildgerichte.

Vinothek 14
Sonneggstrasse 14
6410 Goldau
041 855 12 26
www.vinothek14.ch
Di bis Fr ab 16 Uhr geöffnet.

Die flotten Sprüche gehören zur «Vinothek 14» wie die Hausspezialität Tatar. 400 Positionen werden entkorkt, hinzu kommt eine stattliche Auswahl an Zigarren aus dem Humidor. Es dampft nicht nur aus dem Ofen, sondern auch in der Beiz.

BETTEN

Sankt Joseph
Familie Attolini
Am Klosterplatz
Ilgenweidstrasse 2
8840 Einsiedeln
055 412 21 51
www.sankt-joseph.ch

Ein einfaches und preiswertes Hotel Garni mit sehr persönlicher Note. Im Parterre befindet sich das auch bei Einheimischen beliebte Café, wo die hausgemachten Glaces von Papa Werner ein Dauerbrenner sind.

BESUCHEN

Goldapfel
Kronenstrasse 1
8840 Einsiedeln
055 412 23 30
www.goldapfel.ch

Wundervoller Nostalgieladen mit Lebkuchenmuseum, das täglich von 13:30 bis 16:30 Uhr geöffnet hat. Der Schafbock und anderes Wallfahrtsgebäck sind Geschmacksache.

Metzgerei Heinzer
Hauptstrasse 23
6436 Muotathal
041 830 12 30
www.heinzermetzgerei.ch

Der Hoflieferant und ein Freund von Franz Wiget. *Die* Metzgerei im Kanton.

Kleinbühne Chupferturm
Herrengasse 39
6430 Schwyz
041 811 18 14 (Vorverkauf)
www.kleinbuehne-chupferturm.ch

Auszug aus dem Programm 2012: «Liebeleien – Geschichten und Lieder der Leidenschaft» mit Prisca Anderhub und Petra Theiler. Oder doch lieber das Kabarett «Leichtgemachte Wege ins depressive Nichts» mit Anette Herbst? Die Tagesform entscheidet.

BUCH

Wilhelm Tell
Friedrich Schiller

Vor den Augen das Buch, in den Ohren Rossinis Oper. Am besten am 1. August zu einem Kirsch von Paul Wiget (041 832 25 91), dem Bruder von König Franz.

Solothurn

Zur Schnecke gemacht: Die Mönche liebten sie mit Sauerkraut

Restaurant Baseltor, Solothurn

Klein, aber Wein

Solothurn vereint Deutsch und Welsch, Barock und Rock, Linke und Rechte, Dichter und Denker. Soleure zum Wohlsein, mit Beizen der besseren Art.

Im Januar und im Juni quillt Solothurn über. Dann, wenn das beschauliche Städtchen zum Mekka der Schweizer Filmemacher und der literarischen Dichter und Denker wird. Ich bevorzuge die ruhigen Momente, dann, wenn der Nebel um die Ecken schleicht, die Bauern ihre Steckrüben auf dem Markt verkaufen und der Marronistand unter Dampf steht. Kurz: dann, wenn Solothurn vor sich hin dämmert.

Gefürchtet und geachtet

Solothurn wird mein Alterssitz. Denke ich mal. Alles liegt nur wenige Meter voneinander entfernt, was praktisch ist. Auch meine Stammbeiz ist schon da, was noch praktischer ist. 1987 wurde das «Vini – Al Grappolo» eröffnet, basierend auf der 1983 gegründeten Weinhandlung. Seit Beginn brummt die Beiz. Die Macher Markus Hubler, Sepp Misteli und Rolf Schöb haben das Talent, zu wissen, was mit wem zu welchem Preis machbar ist. Dementsprechend hat das «Vini» bei italienischen Qualitätsweinen das beste Preis-Leistungs-Verhältnis der Schweiz – sage ich mal. Böse Zungen behaupten, dass die drei von den Weinbauern geachtet und wegen ihrem Verhandlungsgeschick gefürchtet werden. Vorstellen kann ich es mir.

Eine Prise Italianità

Die Küche ist und war nie spektakulär, aber grundsolide. Seit Beginn legen die Gastgeber Wert auf gute Produkte und kaufen lokal und regional ein, ohne einem mit der Herkunft jeder einzelnen Tomate auf die Nerven zu gehen. Das «Vini» ist ein Stück Heimat, lockt zum Überhocken, ist Lebenskultur und wird von herzlichen Mitarbeiterinnen bewirtet. Allen voran von der schönen Linda – die glücklich verheiratet ist. Trösten kann man sich mit exzellenten Weinen zum Freundschaftspreis. Linda kredenzt, der Stammgast trinkt, denkt nach, redet, philosophiert und labt sich am geschmorten Kaninchen in Weisswein. Und sonst? Am langen Tisch bleibt niemand lang allein. Wein ist ein ergiebiges Thema, obwohl genauso gut Kaffee geschlürft, Zeitung gelesen, Bier getrunken oder im Innenhof gequalmt werden kann. Meistens sitzen die Gäste aber vor einem Glas Wein. Dazu etwas Salami, Käse, Brot … Und Linda hinter dem Tresen. «La vita è bella!»

Bonheur garanti: Rolf Schöb und Markus Hubler

Vini – Al Grappolo
Markus Hubler, Sepp Misteli und Rolf Schöb
Prisongasse 4
4500 Solothurn
032 623 55 45
www.algrappolo.ch

Ruhetage So (im Sommer bereits Sa ab 17 Uhr).
Geöffnet Mo bis Sa ab 11 Uhr.
Ideal für Weintrinker, alternde Gigolos, Studienräte, Dichter und Lebenskünstler.
Fumoir Open Air.
Frischluft Romantischer, schattiger Innenhof.
ÖV Mit der Bahn nach Solothurn.
PW Im nahe gelegenen Parkhaus.
Zu Fuss Ein Gang durch die Altstadt, bevor es im «Vini» zur Sache geht.
Speziell Keine Beiz in der Schweiz bietet bei italienischen Qualitätsweinen ein besseres Preis-Leistungs-Verhältnis.
Kultur Auf ein Glas mit Dülü Dubach, Sandra Boner oder Peter Bichsel. Je nach Tagesbzw. Nachtzeit.
Küche Coniglio, Brasato, Penne und das kalte «Vini»-Plättli bilden die kulinarischen «Pièces de Résistance».
Keller Bekanntes und Unbekanntes aus Italien. Richtige Weine eben, kein Mainstream. Kantiges aus dem Piemont wie Freisa oder Grignolino, aber auch Lambrusco, die trinkbare Sommerlegende der Sechziger: Im «Vini» gibt es alles in Spitzenqualität.
Gut zu wissen An heissen Tagen ist es mitunter idyllisch ruhig. Dann, wenn unter gleicher Leitung die «Hafebar» direkt an der Aare geöffnet hat.
Preise Günstig bis mittel.

Olten einfach

Olten kennt der Reisende vom Zug aus, vom Durchfahren, was ein kulinarischer Fehler ist. Wer diesen nicht begehen will, steigt aus.

Gleich vorweg: Wer weiss, wie klein die Küche im «Salmen» ist, staunt, dass es sich in diesem Restaurant auf hohem Niveau tafeln lässt. Fehler kommen selten vor, der ganze Ablauf in der Küche und im Service funktioniert, die Gäste werden von Daniel Bitterli marktfrisch und saisonal verwöhnt und von Isabelle Bitterli herzlich bedient, das Team ist motiviert und eingespielt. Einzig die Industriefritten passen nicht zum Qualitätsdenken des Hauses. Dies ist umso erstaunlicher, als Bitterlis Schwiegermutter aus dem Geburtsland der frittierten Kartoffelstäbchen stammt. Dem Winterklassiker «Moules et Frites» würden frische Kartoffeln jedenfalls gut anstehen. Und wenn dazu noch die belgische Bierspezialität «Geuze» schäumen würde, wäre das belgische Wunder vollbracht.

Kellerabstieg

Und sonst? Der «Salmen» ist wunderschön, vornehmlich im vorderen Teil. Im relativ schmalen Saal wird's eng und dementsprechend persönlich. Das Leben findet in der grosszügigen Halle statt. Und etwas fröhliches Palaver der zufriedenen Gäste gehört doch dazu. Wer es intimer mag, steigt in den Keller hinab. Hier findet sich bei Kerzenlicht ein Tisch für zwei. Sehr speziell, sehr gemütlich, sehr angenehm. Auch im Winter. Aber Vorsicht: Wer sich nichts mehr zu sagen hat, sitzt hier falsch.

Qualität aus dem Topf

Fonds, Saucen, Glaces, Pasta… Alles wird von Grund auf im Hause zubereitet. Nur etwas nicht. Sie wissen schon… Zum exzellenten pochierten Seehecht brauche ich sie ja nicht, zum zarten Entrecote aber eigentlich schon – die Hoffnung stirbt zuletzt. Wie auch immer: Daniel Bitterli gelingt der Spagat zwischen Alltagsküche, Mittagsmenü und anspruchsvoller Abendkarte, auf der schon mal Hummer mit Mango-Chutney oder Oftringer Bio-Heusuppe mit Zander angeboten werden. Was mich immer wieder begeistert, ist die sämige Waterzooi: eine Gemüsesuppe mit Huhn, Kalb oder Fisch und zugleich flämisches Kochkulturgut, womit wir wieder bei den Belgiern und somit bei den besagten – Sie wissen schon – wären…

Ankommen und aussteigen in Olten – essen im «Salmen»

Restaurant Salmen
Isabelle und Daniel Bitterli-Zehnder
Ringstr. 39, 4600 Olten
062 212 22 11
www.salmen-olten.ch

Ruhetage So und Mo.
Geöffnet Mittags und abends.
Ideal für Durchreisende, Lokalpolitiker, Romantiker und Freunde Belgiens.
Fumoir Open Air.
Frischluft Kleine Terrasse an der Strasse.
ÖV Mit der Bahn bis Olten.
PW Parkplätze im Quartier.
Zu Fuss Vom Bahnhof über die Holzbrücke und durch die Altstadt zur Beiz.
Speziell Ab und zu kocht Daniel Bitterli belgische Spezialitäten aus der Heimat seiner Schwiegermutter.
Kultur Wer ins Theater geht, kann mit Voranmeldung bereits ab 17:30 Uhr im «Salmen» essen. Oder wie wäre es mit einem Souper danach?
Küche Marinierte Makrelenfilets, Kressesuppe mit gebratenen Kalbsmilken, Rindsfilet Stroganoff, diverse ganze Fische.
Keller Viele bekannte Namen. Wer regional trinkt, hält sich an die Provenienzen der Familie Wiedmer aus Sissach.
Gut zu wissen Rechtzeitiges Reservieren ist Pflicht.
Preise Mittel bis gehoben.

BEIZEN

Fuchsenhöhle
Ruedi Spillmann
Theatergasse 19
4500 Solothurn
032 623 88 80
So und Mo geschlossen.

Die «Fuchsenhöhle» hat geöffnet, wenn der Wirt den Schlüssel dreht. Ruedi Spillmann hat schon manchen Dummschwätzer mit seiner spitzen Zunge ausser Gefecht gesetzt. Ansonsten ist der gebürtige Basler berühmt für seine Gastfreundschaft und seine Tatarbrötchen, die er jeweils am Samstagmittag, der besten Besuchszeit, «tout Soleure» auftischt. Ein Tipp: Nie zu einem Bell-Würstli «Wienerli» sagen. Wer es trotzdem tut, bleibt auf dem Trockenen sitzen. Ruedi Bell, Gründer des gleichnamigen Unternehmens, war Spillmanns Grossvater. Das verpflichtet. Oder anders formuliert: Ehre, wem Ehre gebührt.

Kreuz
Stefan Schaffter
Hauptstrasse 5
4116 Metzerlen
061 731 14 95
www.kreuz-metzerlen.ch
Mo und Di geschlossen.

Traditionell und gut. Hier trifft sich Stadt und Land (und manchmal die Solothurner Regierung) auf einen Schwatz bei Braten, Suppenfleisch, Huhn und Co.

Lämmli
Losang Tseten Barshee
Rotbergstrasse 6
4116 Metzerlen
061 731 14 92
www.laemmlimetzerlen.ch
Di und Mi geschlossen.

Urige Dorfbeiz mit ordentlicher bis vorzüglicher Küche. Die Launen des Kochs entscheiden.

BETTEN

Baseltor
Pia Camponovo
Hauptgasse 79
4500 Solothurn
032 622 34 22
www.baseltor.ch

Der Gast wird mit einer guten, marktfrischen Küche verwöhnt, die zwischen Klassikern und neuen Gerichten pendelt. Und manchmal gibt es auf Vorbestellung Schnecken mit Sauerkraut. Auch nicht schlecht.

Alte Brennerei
Susanna Keller und
Martin Klotz
Bifangstrasse 1
4412 Nuglar
061 913 02 70
www.altebrennerei.ch

B&B, essen und trinken in der alten Brennerei von Nuglar. Mit diversen Kulturabenden und frisch gezapftem, im Haus gebrautem Bier.

BESUCHEN

Märet Solothurn
www.maeret.ch

Jeden Mittwoch und Samstag in der Solothurner Altstadt. Wundervoll, echt – mit Gemüse von hier, statt von dort.

Schultheaterwoche
c/o Werner Panzer
Kreuzen 29
4500 Solothurn
www.schultheaterwoche.ch

Theater von Kindern für Kinder. Jeweils während einer Woche im Juni.

BUCH

Absinthe – Die Wiederkehr der Grünen Fee
Roger Liggenstorfer hat in Solothurn nicht nur die erste Absinth-Bar der Schweiz eröffnet, sondern auch gleich ein Buch über das Kultgetränk geschrieben.
www.nachtschatten.ch

Tessin

Reifeprüfung: die andere Mortadella

Macelleria Salumeria Fratelli Freddi, Intragna

Tutto bene?

Gibt es noch ein Tessin ohne Pomade und Promenade, an unwirklichen Orten und mit herzlichen Gastgebern, die kochen und nicht versprechen? Es gibt …

Im Tessin wird oft gelogen. Zumindest in jenen Gasthäusern, in denen das Wort «Gastgeber» seine Bedeutung verloren hat. Ökolüge, Saisonlüge, fromme Lüge, es biegen sich die Balken ob all der Lügen. Viel zu oft muss sich der Gast mit blassroten Wassertomaten ohne Geschmack auseinandersetzen, ertränkt in einer Industrietunke der übleren Art. Keiner Nonna käme es in den Sinn, so etwas zu servieren. Und schon gar nicht Signora Emilia, die seit Jahrzehnten so kocht, wie sie es gelernt hat – einfach, ehrlich, gut.

Der Gast isst, was es gibt

Wer bei Emilia bis Mittwoch als erster Gast anruft, bestimmt das Menü von Donnerstag bis Sonntag mit. Der Rest isst, was es gibt. Erbsenzähler, Kampfwanderer und militante Vegetarier haben hier nichts verloren. Das Menü ist vorgegeben, Abweichungen sind keine vorgesehen. Davor warnt schon beim Eingang das Wirtshausschild. Mit von der Partie sind die Töchter Eliana und Valeria, die den Service schmeissen, in der Küche mithelfen, einkaufen, das Administrative erledigen und so einiges mehr. Schliesslich ist La Mamma 83 Jahre alt, was sie aber nicht davon abhält zu sagen, was Sache ist. Das gefällt nicht nur dem Einheimischen, sondern auch dem Tessingänger mit Bodenhaftung.

Die Abfolge

Was aus der Küche kommt, hat Qualität: Eine Portion Lardo, Salami, Rohschinken und Tessiner Mortadella mit gutem Brot, gefolgt von hauchdünnen Ravioli, die mit vier verschiedenen Käsefüllungen überraschen. Dann ein knackiger grüner Salat, ein wundervoller Kalbsbraten und ein zartes Roastbeef mit frischen Gartenerbsen, Karotten und Bratkartoffeln. Und als süsses Finale ein aromatischer Schokoladenkuchen! Zu den Küchenklassikern der Osteria zählen, je nach Saison, Zicklein, Polenta mit Pilzen, Rindsbraten, Costini und Spanferkel aus dem Ofen. Das Weinangebot besteht aus den üblichen Verdächtigen, eine leichte und lokale Alternative findet sich in dem fruchtig-herben Merlot von Angelo Zucchetti mit 11,5 Volumenprozent Alkohol. Fazit: Ein stimmungsvoller Ort mit angenehm durchmischtem Publikum und grundehrlichen Gastgebern, die herzlicher nicht sein könnten. Tutto bene!

Weise und kein bisschen müde: La Grande Signora Emilia Lazzari

Osteria Canedo
Emilia Lazzari
Canedo
6809 Medeglia
091 946 11 91

Ruhetage Mo bis Mi.
Geöffnet Do bis So von 8:30 bis 23 Uhr, So bis 19 Uhr.
Ideal für Allesesser und promovierte Tessingänger.
Fumoir Open Air.
Frischluft Gartensitzplatz.
ÖV Mit der Bahn bis Rivera-Bironico, dann mit dem Bus nach Medeglia-Campaccio, von dort zu Fuss in einer Viertelstunde nach Canedo.
PW Parkplätze unterhalb des Dorfes.
Zu Fuss Durch die Wälder den Hügel hinauf nach Canedo oder eine Extrarunde durchs Dorf.
Speziell Eine Speisekarte existiert nicht. Das Menü ist fix, der Preis ebenso.
Kultur Die Kaffeerösterei «Pausa Caffè» in Rivera ist einen Besuch wert.
Küche Kaninchen-, Lamm-, Schweine- und Kalbsbraten.
Keller Ausbaufähig, die meisten Weine sind mir zu holzlastig.
Gut zu wissen In der kleinen Gaststube isst es sich am besten. Sie vermittelt so etwas wie Geborgenheit, was man vom Anbau weniger behaupten kann.
Preise Günstig bis mittel.

«Rosa, es Gnagi!»

Hoch über der Leventina kocht die fotoscheue Rosa. Wer die Haarnadelkurven nach Anzonico bezwingt, der wird mit frittierten Tortelli aus Buchweizen belohnt.

An Traumlage, mit Blick ins Tal, liegt das «Bellavista». Vor Jahren noch ein Geheimtipp, haben es Slow Food und andere urige Zeitgenossen für sich entdeckt. Bislang wurde es zurückhaltend renoviert, sieht man vom Freisitz ab. Schade um den Adlerhorst, dem Blechtische und Holzstühle statt Plastikmöblierung besser anstehen würden. Die Stimmung findet aber sowieso in der Gaststube an den polierten alten Holztischen statt. Vornehmlich dann, wenn an kalten Tagen das Feuer im Kamin knistert.

Qualität statt Auswahl

Wer die Spezialitäten von Rosa geniessen will, ruft zwei Tage vorher an. Laufkundschaft kennen Rosa und ihr Mann Luciano nicht, zu abgelegen ist das Dorf. Serviert wird Überdurchschnittliches: Ziegensalami, Rohschinken, Trockenfleisch und Mortadella. Genial sind die exzellenten «Fitri»: mit Käse gefüllte, frittierte Tortelli aus Buchweizen. Im Herbst ist Wild angesagt, das von Revierjagden in Deutschland und Österreich stammt. Denn wenn dem Tessiner Jäger ein Reh oder ein Hirsch vor die Büchse kommt, behält er die Beute für sich. Es kann aber vorkommen, dass immerhin eine heimische Gämse den Weg in Rosas Ofen findet, in den sie sonst Braten und Kaninchen schiebt.

Fisch zum Johannistag

Einmal im Jahr, am Johannistag, tischt Rosa fangfrischen Fisch auf. Alles, was der Lago Maggiore hergibt, wird frittiert und mit frischer Mayonnaise serviert. «Fritto misto» der speziellen Art. Himmlisch! An den restlichen Tagen steht das Fleisch im Vordergrund, etwa der piemontesische, üppige Fleischeintopf «Bollito misto» samt Gnagi. Einfacher, aber nicht gerade leichter wird's mit «Pom e pasta», einem traditionellen Tessiner Gericht, zu dem man nördlich des Gotthards Älplermagronen sagt. Seit knapp einem Vierteljahrhundert kocht Rosa und serviert Luciano im «Bellavista». Einige Jahre haben sie das noch im Sinn, was die Stammgäste beruhigt. Allein ihre berühmte «Mazza», die im Spätherbst aufgetischt wird, ist jede Kurve wert: Aus dem von Freund und Metzger Stelio Capponi frisch verarbeiteten Schwein entstehen exzellente Produkte wie Salami, Luganighe, Lardo, Pancetta oder die mit Leber und speziellen Gewürzen angereicherte Mortadella.

Abheben über der Leventina: Aussicht top, Stühle flop

Bellavista
Rosa und Luciano Maddalon
6748 Anzonico
091 865 11 10

Ruhetage Di und den ganzen Januar.

Geöffnet Vorher anrufen.

Ideal für Wanderer, Idealisten und Puristen.

Fumoir Open Air.

Frischluft Einige Aussenplätze und ein liebloser Wintergarten mit Adlerblick.

ÖV Mit der Bahn bis Faido, dann weiter mit dem Bus.

PW Parkplätze am Rand des Dorfes.

Zu Fuss Die Strada alta Leventina wartet.

Speziell Die kurvige Hin- und Rückfahrt auf der engen Strasse erfordert Konzentration. Neun Gästezimmer sind die Alternative zur Rückfahrt.

Kultur Die Bergdörfer entlang der Strada alta.

Küche Es gibt keine Speisekarte. Der Patron erklärt am Telefon, was die Küche aktuell bietet. Klassiker sind Braten von Schwein, Rind und Lamm, die Kuttelsuppe und die luftig-leichten Gnocchi.

Keller Ordentliche Tessiner Merlots und einige Provenienzen aus Italien.

Gut zu wissen Die Gästezimmer sind sehr einfach, Dusche und Toilette auf dem Gang.

Preise Günstig.

BEIZEN

Casa Lucomagno
Via Chiesa
6718 Olivone
091 872 16 03
www.casalucomagno.ch

Pia Steiner und Werner Birnstiel bieten in ihrer Villa marktfrische Küche (z.B. Wacholderspaghetti) an, die weder im Magen noch der Brieftasche schwer aufliegt. Die Weinauswahl ist durchdacht, Biker erfreuen sich am körnigen Brot, Architekten an den Details – und Romantiker am Charme des Hauses.
Es stehen drei Gästezimmer (Dusche und Toilette auf dem Gang) und drei Ferienwohnungen (eine davon mit Terrasse) samt Garten zur Verfügung. Es ist möglich, die ganze Villa zu mieten (max. 18 Personen). Die Villa befindet sich gegenüber der Schule und der Dorfkirche. Gut schlafen lässt es sich trotzdem.

BETTEN

Lunasole
6571 Indemini
091 780 44 70
www.lunasole.ch

Rosmarie Brennwalder und Beat Wüthrich sind die sympathischen Besitzer dieses romantischen Rusticos am rauschenden Dorfbach. Mit Kamin und viel Charme.
Als literarische Einstimmung empfehle ich «Die Indemini Story» von Adolfo Schalk.

BESUCHEN

Brot, Käse, Wein & Wurst
Gutes für den Einkaufskorb.

Panetteria Philipona
Salei
6661 Berzona
091 797 19 29

Kein Jammerer, sondern ein Macher, der 30 Brotsorten bäckt. Tipp: Rosinenbrot.

Quintorno
El Stradún 35
6513 Monte Carasso
091 825 90 30
www.quintorno.ch
Mo bis Fr von 8:30 bis 12 Uhr und von 16 bis 19 Uhr, Sa von 9 bis 17 Uhr geöffnet.

Schlemmerladen mit erstklassigen Tessiner Alpkäsen.
Tipp: Käse von der Caseificio Töira in Olivone.

Lorenzo Ostini
Via alla Ganna
6517 Arbedo
091 829 17 75
www.vini-bettoni-ostini.ch

Nicht einfach nur ein Weinmacher, sondern ein eigenwilliger und begnadeter Winzer. Tipp: Sforzato Gano rosso auf der Basis von angetrockneten Trauben der Sorten Bondola, Merlot und Freisa.

Macelleria Salumeria Fratelli Freddi
6655 Intragna
091 796 12 49

Nicola und Fabio Freddi sind zwei Ausnahmemetzger mit exzellenten Spezialitäten zum Freundschaftspreis.
Tipp: Rohe Mortadella.

Museo Hermann Hesse
Ra Cürta 2
6926 Montagnola
091 993 37 70
www.hessemontagnola.ch

Für Hessejünger Pflicht, bei den übrigen Tessingängern entscheidet die Tagesform.

BUCH

Vallemaggia – Cielo in casa – Himmel im Haus
Edy Brunner, Franz Hohler

Die Himmel aller Kirchen und Kapellen im Maggiatal fotografiert von Edy Brunner.
Mit zwölf Geschichten von Franz Hohler.
www.schwabe.ch

Thurgau

Ich bin so wild nach deinem Erdbeermund

Vereinigung Thurgauer Beerenpflanzer, Salenstein

Barocke Höhenflüge

Der Engel mit dem feinen Gespür und den rosa Bäckchen kam nicht vom Himmel hoch, sondern von Basel her. Ein Glücksfall für Schloss Klingenberg.

Gebeizte Rehnüssli, Presssack vom Kaninchen, Kutteln nach einem Rezept der Mutter, Kalbsbäckchen und Koteletts vom Thurgauer Jungschwein – auf Schloss Klingenberg wird üppig aufgetischt. Nimmt man Augenmass am Gastgeber, ist die Sache klar: Stefan Pfanzelt ist gelernter Koch, Pâtissier, Sommelier und talentierter Genussmensch. Bacchus hätte seine wahre Freude an ihm. Klar, dass hier weder Asketen noch Vegetarier einkehren. Auf Schloss Klingenberg sind Appetit und der Sinn für das Wesentliche gefragt. Dementsprechend finden sich die Verzierungen nicht auf dem Teller, sondern in der Hauskapelle, wo die Puttenengel mit unschuldigem Blick von den Wänden herunterlächeln. Bis auf einen. Der ist ganz selten in der Kapelle, sondern schwebt durch die Gaststuben des Schlosses. Stefan Pfanzelt trägt auf, entkorkt den Wein, schenkt ein und dem Gast ein Lächeln. Alles ohne Flügel.

Kein Unbekannter

Sein Können hat Stefan Pfanzelt aber nicht überirdisch, sondern irdisch erlangt. Gefestigt hat er es als Geschäftspartner von Tanja Grandits und René Graf in den Restaurants «Thurtal» in Eschikofen und «Stucki» in Basel. Vor einem Jahr hat er auf Schloss Klingenberg die optimale Bühne und in Michael Armbrust den idealen Souschef gefunden. Das haben auch die Jünger der roten Gourmetfibel goutiert, die in der Ausgabe 2012 Stefan Pfanzelt 13 von 20 möglichen Punkten mit auf den Weg geben. Genug Punkte, um davon zu profitieren, zu wenig Punkte, um deswegen abzuheben – was auf eine erfolgreiche Zukunft hindeutet.

Alltagstaugliche Adresse

Wer nun denkt, dass in einem solchen Umfeld nur steife Oberlippen Platz haben, der irrt. Das Rezept: Tafelfreude statt Messe, angeregtes Geplauder statt strenge Miene, Lust statt Frust. Wanderer sind auf ein Bier samt Vesperplatte genauso willkommen wie Schlemmer, die auf eine Runde Genuss vorbeikommen. Für Spannung sorgt auch die Weinkarte, die neben grossen Namen auch unbekannte regionale Flaschen anbietet. Ich denke da an den Gewürztraminer aus Hüttwilen, den Kernling aus Weinfelden oder die Scheurebe aus Nuolen/SZ. Fazit: Halleluja.

In den heiligen Hallen: Barockengel Stefan Pfanzelt

Schloss Klingenberg
Stefan Pfanzelt
Klingenbergstrasse 1
8508 Homburg
052 763 26 31
www.schloss-klingenberg.ch

Ruhetage Mi und Do.
Geöffnet Sa und So ganzer Tag, Mo, Di und Fr mittags und abends.
Ideal für Romantiker, Weinfreunde, Historiker und Barockengel.
Fumoir Open Air.
Frischluft Wunderschöner Innenhof mit plätscherndem Brunnen und eigenwilligem Gartenmobiliar.
ÖV Mit dem Bus von Frauenfeld nach Homburg. Dann zu Fuss in 20 Minuten zum Schloss.
PW Parkplätze neben dem Schloss. Anfahrt ab Homburg ausgeschildert.
Zu Fuss Über Wiesen und Wälder zum Schloss.
Speziell Schloss Klingenberg wird häufig für Hochzeiten genutzt, ist aber auch eine beliebte Anlaufstelle für ein Zvieri.
Kultur In der hauseigenen Kapelle oder im Schloss bei Gesang, Lesungen und Theater.
Küche Klassisch, opulent, mit einigen Abstechern in die Moderne: Kaninchenterrine, Kalbsbraten mit Schupfnudeln, Entenleberterrine mit Tomaten-Aprikosen-Chutney.
Keller Stefan Pfanzelt ist ein Verfechter von guter Qualität. Erfreulich, dass nicht nur grosse Namen in seinem Keller Platz finden, sondern auch zahlreiche regionale Tropfen.
Gut zu wissen An den Wochenenden sind oft Feste angesagt. Wer die Weinfreuden ausgiebig geniessen will, reserviert eines der preiswerten Doppelzimmer.
Preise Mittel bis gehoben.

Kräutergarten mit Beiz

«Huuswurz» klingt zwar nach Reformhaus, ist aber ein Kräutergarten mit Beiz. Die Namensgeber haben sich damit einen lang gehegten Traum erfüllt.

Die Küche ist klein. Sehr klein, aber funktionell. Und was auf dem Teller landet, sieht nicht nur gut aus, sondern schmeckt auch unverschämt gut. Vor zwölf Jahren haben sich Dora und Fredy Herzog ihren Traum verwirklicht und ihr Einfamilienhaus in ein Restaurant verwandelt. Alles ist professionell eingerichtet, piekfein, ja, fast pingelig sauber, eine Beiz, die den Lebensmittelinspektor überflüssig macht. Nicht anders sieht es im Garten aus. Der Rasen kann es mit jedem englischen Grün aufnehmen, die Kräuterbeete sind sorgfältig gepflegt, doch trotzdem natürlich. Die Kräuter sind nicht zur Zierde da, sondern geben den einzelnen Gerichten ihr spezielles Aroma: Borretsch (Gurkenkraut), Estragon, Zitronenthymian, Lavendel, marokkanische und englische Minze, Kapuzinerkresse, und, und, und… Alles duftet, die Nase ist gefordert, der Gaumen sowieso.

Ambitioniert, aber nicht überkandidelt

Ob bei den cremigen und aromatischen Suppen, beim Hecht oder den Felchen aus dem Bodensee, beim zarten Biofleisch, beim sämigen Parfait oder der intensiven Johannisbeerglace – die Kombinationen harmonieren, das Menü bildet eine Einheit. Kurz, es stimmt. Angerichtet wird mit Liebe zum Detail und doch nicht überkandidelt. Auch die Weinauswahl ist sehr persönlich. Wer sich fragt, warum an einem Ort wie diesem Tropfen aus Südafrika ausgeschenkt werden, holt sich die Antwort beim Patron. Im «Huuswurz» hat alles seinen Grund, auch wenn er dem Gast auf den ersten Blick nicht klar sein mag.

Chapeau!

Ein weiteres grosses Plus sind das perfekt funktionierende Team und die Mitarbeiter im Einzelnen. Wer nicht mehr weiss, wie kompetent, freundlich, zuvorkommend, charmant, witzig und pfiffig eine Bedienung sein kann, erhält im «Huuswurz» Anschauungsunterricht. Bei unserem letzten Besuch hiess das sympathische Servicewunder Monika Zehnder, der wir an dieser Stelle symbolisch den Oscar für die beste Servicerolle verleihen. Fazit: Das «Huuswurz» hat Charakter, und die meisten Gäste werden sich hier mehr auf einer privaten Einladung wähnen als in einem Restaurant.

Natürlicher Landeplatz: Garten des «Huuswurz»

Huuswurz
Dora und Fredy Herzog
Obstgartenstrasse 5
8255 Schlattingen
052 657 17 29
www.huuswurz.ch

Ruhetage So abends bis Mi.
Geöffnet Do mittags und abends, Fr und Sa abends, So mittags. Nur auf Reservation!
Ideal für Genussmenschen, Garten- und Kräuterfreunde und Besseresser.
Fumoir Open Air.
Frischluft Terrasse mit Blick auf den vorbildlich geordneten Garten.
ÖV Mit der Bahn bis Schlattingen. Halt auf Verlangen!
PW Parkplätze beim Bahnhof. Das «Huuswurz» ist gleich gegenüber.
Zu Fuss In vier Stunden durch das Seebachtal. www.thurgauer-wanderwege.ch
Speziell Das «Huuswurz» ist mehr Einfamilienhaus als Beiz und besticht durch seine persönliche Atmosphäre.
Kultur Diverse lokale und nationale Persönlichkeiten kennen die Beiz, Paparazzi wurden bis anhin aber keine gesichtet. Oft zu Gast ist der Komponist, Dirigent und Schöngeist David Lang aus Mammern. www.davidlang.ch
Küche Marktfrisch und anspruchsvoll. Zander, Crêpes, Rind, Lamm und Huhn in finessenreichen Variationen.
Keller Wer blumige, leichte Weine mit Charakter mag, bleibt bei den lokalen Flaschen (die noch etwas besser vertreten sein dürften). In den Abteilungen Spanien und Südafrika wird's üppig.
Gut zu wissen Reservation ist Pflicht.
Preise Mittel. Beim Mineralwasser wird's gehoben.

BEIZEN

Eintracht
Familie Zehnder
Andwiler Strasse 14
8585 Happerswil
071 648 12 04
Mi und So ganzer Tag geschlossen. Ansonsten täglich von 10 bis 12 und von 14:30 bis 21 Uhr geöffnet.

Eine Bauernbeiz wie aus alten Zeiten. Ohne Firlefanz, dafür mit eigenem Apfelwein und gutem Speck. Platz hat es eigentlich immer, ausser während der «Huusmetzgete» im Januar. Dann wird's eng und reservieren tut not.

Morgensonne
Gabriela und Jakob Stürzinger
Dorfstrasse 38
8525 Wilen bei Neunforn
052 745 12 33
Jeden So von 10 bis 19 Uhr und jeden ersten Mi im Monat ab 17 Uhr geöffnet.

Urgemütliche Bauernbeiz mit herzlicher Wirtin, eigenem Wein und Saft. Dazu Speck, Rauchwurst und Co.

Landhaus
Marie José und Rolf Keller
Betenwil 9
9325 Betenwil bei Roggwil
071 455 12 21

Eines der schönsten patinierten Gasthäuser im Thurgau. Wer eintreten will, klopft an. Vorher anrufen ist die sichere Variante, für warme Thurgauer Spezialitäten oder eine authentische Paella ist eine Voranmeldung Pflicht. Ein spezieller Ort mit einer eigenwilligen, sympathischen Gastgeberin.

BETTEN

Mlaker's Home
Erika und Igor Mlaker
Romanshornerstrasse 7
8592 Uttwil
071 461 33 00
www.mlaker.ch

Es lächelt der See in unmittelbarer Nähe, das Haus ist mit Verstand renoviert worden und verströmt Atmosphäre, die Zimmer sind einfach und klein, das Bad befindet sich auf der Etage, das Frühstück ist üppig, und der Preis von Fr. 50.– pro Person und Nacht ist sehr fair und schont das Budget. Und über allem wacht Haushund Nike.

BESUCHEN

Biolenz Bio-Weinbau
Guido Lenz
Schulstrasse 9
8524 Uesslingen
052 746 11 84
www.engelwurz.ch

Guido Lenz ist Winzer und seit Jahrzehnten Überzeugungstäter. Bio ist für ihn nicht bloss ein Label, sondern eine Lebenseinstellung. Seine Weine, die er im Einklang mit der Natur vinifiziert, überzeugen mit Frucht, Eigenheit und Charakter. Sein Macvin ist exzellent und selbst bei den Winzern aus dessen Herkunftsregion, dem französischen Jura, akzeptiert.

Max Bottini
www.maxbottini.ch

Die Kunst des Uesslingers zum Thema Genuss ist im Thurgau legendär, seine Kunstausstellung mit tausend Gläsern von Eingemachtem in der Kartause Ittingen unvergessen. Infos zu aktuellen Ausstellungen finden sich auf seiner Website.

BUCH

Untersee & Hochrhein
Cornelia Stauch und Walter Tschirren

See-Land-Fluss. Ein Guide zu reizvollen Seebädern und schattigen Uferpfaden samt Heimatkunde, beispielsweise über das Gangfischschiessen.
www.oaseverlag.de

Uri

Fundsache Dörrobst: Bristner Birä

David Arnold, Altdorf

Für «Gschpiirigi»

Wer auf der Alpentransversale kleben bleibt, wird nie die philosophischen Reflexionen eines Göschener Schlammröhrenwurms verstehen können …

… und verschenkt die Möglichkeit, die Genussküche von Theres Furrer kennenzulernen, die im «Martini F» in Wassen nach dem Lustprinzip kocht. Ohne «Ryys und Boor», «Chabis und Schaffläsch» oder «Birrästunggis», dafür mit Rindstatar, Steinpilzsuppe, Hirschentrecote, Kalbskrone, Kaninchenpfeffer und mehr. Durchwegs Klassiker, die Theres Furrer gekonnt umsetzt. Ihr «Martini F» ist eine «nicht alltägliche Welt aus Farb- und Kochtöpfen», in der das Design und die Einrichtung ihres Mannes Martin polarisieren und unter den Gästen zu kurzweiligen Gesprächen führen. Bis das Essen kommt.

Vom Grafiker zum Gastgeber

Martin Furrer hat vor zehn Jahren seinen künstlerischen, heute vertechnisierten Beruf an den Nagel gehängt und beschlossen, die Kochkünste seiner Frau und die eigenen vier Wände mit kulinarisch interessierten Menschen zu teilen. Heute ist das «Martini F» eine geschätzte Adresse, in der sich frisch und ewig Verliebte tief in die Augen schauen. Das Ganze ist mehr gute Stube als Restaurant, der persönliche, herzliche und zugleich diskrete Service von Martin Furrer trägt das Seinige dazu bei. Ankommen, zurücklehnen und von Psalmen statt Palmen träumen.

Genuss statt Frust

Theres und Martin Furrer öffnen ihre Stube am Mittag und am Abend auf Voranmeldung für zwei bis sechzehn Personen. Das mehrgängige Menü bespricht die Köchin mit ihren Gästen drei bis vier Tage im Voraus. Wer klein ist und dennoch grosse Kochtaten vollbringen will, muss frühzeitig planen und organisieren. Die Zutaten werden frisch eingekauft und verarbeitet, eine Industriepampe sucht man bei Theres Furrer vergebens, Saucen und Fonds werden von Grund auf zubereitet. Das Fleisch liefert Metzgermeister Muheim aus Andermatt, die Fische, die Theres Furrer mithilfe einer Lupe entgrätet, kommen aus der Fischerei Arnold in Seedorf. Apropos Wasser: Da wären noch die Wasserwelten und die Schlammröhrenwürmer in unberührter Natur in Göschenen. Für «Gschpiirigi» sehr zu empfehlen (siehe Best of the Rest – Besuchen, Seite 150).

Staufreie Zone am Gotthard: Küche des «Martini F»

Martini F
Theres und Martin Furrer
Beim Dorfplatz
6484 Wassen
041 871 06 26
www.martinif.ch

Ruhetage Keine.
Geöffnet Auf Voranmeldung täglich mittags und abends.
Ideal für Stubenhocker, Überhocker und Genussmenschen.
Fumoir Open Air.
Frischluft Kleiner, feiner Aussenplatz.
ÖV Mit der Bahn bis Erstfeld, danach mit dem Bus.
PW Parkplätze im Dorf.
Zu Fuss Auf den Spuren der Göschener Wasserwelten. www.wasserwelten.ch
Speziell Das Menü muss drei bis vier Tage im Voraus bestellt werden. Eine Auswahl ist gegeben.
Kultur Andermatt einst, heute und morgen. Oder in Bauen auf den Spuren von Pater Alberich Zwyssig, dem Verfasser des Schweizerpsalms.
Küche Entenbrust in Portwein, Lammfilet, Châteaubriand.
Keller Vorwiegend opulente, schwere Weine aus Italien, Portugal und Spanien.
Gut zu wissen Sehr persönliche Atmosphäre. Für vertrauliche Gespräche ist die Stube eher ungeeignet.
Preise Mittel. Bei den Weinen wird's gehoben.

Schlipf statt Schlips

Im Hotel «Krone» benötigt man keinen Schlips, sondern Hunger oder zumindest Appetit auf die exzellenten Schlipfkrapfen.

Schlipfkrapfen? Gut, die Südtiroler und somit auch Erwin Braunhofer sagen Schlutzkrapfen, die Osttiroler nennen die den Ravioli ähnlichen Teigwaren aber Schlipfkrapfen. Schlipf reimt sich besser auf Schlips als Schlutz und schmecken tun sie beide. Wie auch immer: Die «Schlutzer» sind in der «Krone» fest in Frauenhand. Annemarie, die Schwester von Erwin Braunhofer, eilt extra aus Brixen herbei, wenn ihr Bruder die Dinger auf die Karte setzt.

Ein Menü pro Tisch

Eigentlich will Erwin Braunhofer nicht mit Spezialitäten aus seiner Heimat glänzen. Er ist eher Verfechter einer Alpenküche, bei der viele regionale und saisonale Aspekte berücksichtigt werden, der er aber auch seine manchmal recht eigenwillige Note verpasst. Steht Wild aus heimischer Jagd an, kann es gut sein, dass er aus einem Rehstück ein Cordon bleu schneidet, es mit Urner Alpkäse und Südtiroler Rohschinken füllt und das Ganze in einen Haselnussmantel legt, was sehr gut schmeckt. Erwin Braunhofer kauft bewusst kleine Mengen ein. Er kocht frisch, nach Lust und Laune, oft ein Menü pro Tisch. Wer also auf Nachbars Teller schielt, darf sich nicht wundern, wenn er ein Gericht sieht, das nicht auf der Schiefertafel steht und das einem auch nicht empfohlen wurde.

Vom Hof zur Krone

Seit siebzehn Jahren arbeitet der gelernte Konditor in der Schweiz. Erwin Braunhofer stand bereits im «Kronenhof» in Pontresina, im «Dolder» in Zürich und im «Les Trois Rois» in Basel in der Küche. Angekommen ist er in der «Krone» in Wassen. Dass er im November Südtiroler Spezialitäten kocht, hat nichts mit Heimweh zu tun, sondern mit der Überredungskunst seiner Stammgäste, die sich nach Sauerkrautstrudel, Speckkrautsalat, Kasnocken und Co. sehnen. Übrigens: Die Gourmetfibel Gault Millau ist auf Erwin Braunhofer aufmerksam geworden und zeichnet ihn für 2012 mit 13 Punkten aus. Etwas spät, aber immerhin. Chefredaktor Urs Heller persönlich war in der «Krone» und hat getestet. «Schnuppergäste», nennt Erwin Braunhofer seine neue Klientel. Einige tragen Schlips …

Lirum, Larum, Löffelstiel: Erwin Braunhofer in der Küche der «Krone»

Hotel Krone
Erwin Braunhofer
Gotthardstrasse
6484 Wassen
041 885 19 55
www.hotelkrone.ch

Ruhetage Mo und Di.
Geöffnet Mi bis So.
Ideal für Südtiroler, Durchreisende, Geniesser und süsse Schleckmäuler.
Fumoir Open Air.
Frischluft Einige Tische vor dem Haus mit Blick auf die alte Gotthardstrasse. Das Ganze ist etwas unpersönlich, die Musik spielt drinnen in den Stuben.
ÖV Mit der Bahn bis Erstfeld, danach mit dem Bus.
PW Parkplätze im Dorf.
Zu Fuss Der Kanton Uri hat 48 konzessionierte Seilbahnen. Hoch geht es also immer. Nach Gitschenen, Haldi, Brüsti, Intschi, Sittlisalp … – warum nicht zu Fuss hinunter?
Speziell Der Koch ist gelernter Konditor. Wer sich den Dessertteller entgehen lässt, verpasst etwas.
Kultur Wer hat nicht früher auf der Schulreise vom Zug aus die Kirche von Wassen dreimal gesehen! Zeit, sie von innen zu betrachten.
Küche Vitello tonnato, Lammrücken, Kalbskotelett, Hirschragout.
Keller Schweizer Weine und diverse Südtiroler Provenienzen. Mir fehlt ein junger, leichter Vernatsch.
Gut zu wissen Wer in der «Krone» eine traditionelle Speisekarte sucht, sucht vergebens. Erwin Braunhofer trumpft auf, wenn man ihn frei kochen lässt.
Preise Mittel.

BEIZEN

Bar Gelateria La Rotonda
Squadra La Rotonda
Gotthardstrasse 54
6460 Altdorf
041 871 46 36
www.bar-larotonda.ch

Ein Stück Italien im Kanton Uri. Wem die Lust auf Glace (rund 60 hausgemachte Sorten) oder das «dolce far niente» bereits nach Flüelen in den Adern kribbelt, für den ist «La Rotonda» genau der richtige erste Boxenstopp.

BETTEN

Hotel Maderanertal
Anna und Tobias Fedier
Balmenegg
6475 Bristen
041 883 11 22
www.hotel-maderanertal.ch
Von Juni bis Oktober geöffnet.

Nur zu Fuss oder mit dem Geländetaxi ab Golzern erreichbar. Eine Wanderung in die Vergangenheit. Ursprünglich und authentisch. Teilweise wurden das Haus und der Garten unter der Ägide des Heimatschutzes renoviert. Ein sinnlicher Ort.

The River House
Sarah und Kevin Obschlager
Gotthardstrasse 58
6490 Andermatt
041 887 00 25
www.theriverhouse.ch

«Boutique-Hotel» nennt sich das Haus. Ganz so schlimm ist es nicht, sondern ein gekonnter, witziger Mix aus Kunst und Krempel im positiven Sinn. Auf alle Fälle *die* Übernachtungsadresse in Uri.

BESUCHEN

Urner Alpkäse
www.urner-alpkaese.ch

Ein Zusammenschluss der im Kanton Uri Alpkäse produzierenden Bauern. Jeweils im November findet in Seedorf der «Ürner Alpchäsmärcht» statt. Für Käsefreunde ein Muss.

Urner Gnuss
Olivia und Jordana Christen
Gotthardstrasse 59
6490 Andermatt
041 887 08 80

Klein, fein und speziell. Wer einen Zwischenhalt in Andermatt einlegt, muss hier vorbei. Alpbutter, Milch, Konfitüren, Sirups, Schleckereien, Salziges, Trockenes, Wurstiges …

Haus für Kunst Uri
Herrengasse 2
6460 Altdorf
041 870 29 29
www.hausfuerkunsturi.ch
Do und Fr von 14 bis 18 Uhr, Sa und So von 12 bis 17 Uhr, Sonderöffnungen nach Absprache.

Auch in kleinen Sammlungen finden sich bemerkenswerte Kulturgüter. Pro Jahr sind drei verschiedene Ausstellungen zur zeitgenössischen Kunst zu sehen.

Wasserwelten Göschenen
Bruno Zwyssig
Abfrutt 3
6487 Göschenen
041 885 18 34
079 231 90 63
www.wasserwelten.ch

Bruno Zwyssig, der «Wassermacher», ist stolzer Initiant und Geschäftsführer der Wasserwelten Göschenen. Zu Recht. Das Ganze ist für Naturgänger sehr zu empfehlen.

BUCH

Sagen aus Uri
Josef Müller

Der Spitalpfarrer Josef Müller schreibt über Geister und Gespenster, Hexen und Zauberer – und der «Tyfel» darf in Uri natürlich auch nicht fehlen.
www.zeno.org

Waadt

Dickbauch: Boutefas, die Königin der Schweizer Würste

Boucherie Rochat, Le Pont

Der Philosoph

Marc Bohren polarisiert. Die einen halten ihn für verrückt, die anderen für einen Denker, nur wenige für einen guten Koch. Lieben tun ihn alle.

Wer sich als Neuling an den Stammtisch des «Café du Cercle» setzt, darf dies tun, muss aber mit dem Patron rechnen, der aus der Küche grüsst, zum Buffet geht, eine Flasche Wein entkorkt, sich zum Gast hinsetzt, mit ihm über Gott und die Welt (oder umgekehrt) redet, ein- und nachschenkt. Nach einem Glas oder zwei verabschiedet er sich wieder. Bleibt der Gast sitzen, wird er Stammkunde, geht er nach dem ersten Glas, kehrt er nie mehr zurück. Mit dem «Café du Cercle» hat sich Marc Bohren eine eigene Welt geschaffen, in der er seinen Gästen eine Zuflucht vor dem Alltag bietet. Wer Ruhe und Einsamkeit sucht, hat hier nichts verloren, wer nur wegen der Küche kommt, ist fehl am Platz. Was zählt, ist der Ort als Ganzes.

Mehr «le Welsch» als jeder Welsche

Marc Bohren ist in Vevey aufgewachsen, die Mutter Thurgauerin, der Vater Berner. In Lausanne hat er Politikwissenschaft studiert, französisch hat er als Taxifahrer gelernt. Kochen ist keine Passion von Marc, mehr Mittel zum Zweck. Was für ihn zählt, sind die Begegnungen im Bistro, sind Gespräche, der Austausch, das spontane Überhocken, die Freude am Leben. Seit einem Vierteljahrhundert ist er Patron des «Cercle». Begonnen hat er 1986, ohne gastronomische Erfahrung und ohne Kochausbildung. Wie gesagt, ein Verrückter, ein Macher, ein Freund.

Die «Pièces de Résistance»!

Der kulinarische Klassiker im «Cercle» ist das Zwerchfell vom Rind. Was sich auf Deutsch so dramatisch liest, klingt auf Französisch völlig harmlos: «l'onglet de bœuf». Die Zubereitung ist einfach, und was einfach ist, das schätzt der Patron. Das sauber entsehnte Zwerchfell wird über Nacht in die Marinade gelegt, danach «saignant» gebraten, mit Rotwein deglaciert, aufgeschnitten und mit Jus beträufelt. Für Fleischtiger ist das Gericht eine Offenbarung, für zart besaitete Beizengänger eine Herausforderung. Wie der Patron selbst. Stille Momente gibt es bei Marc Bohren nur am Ufer des Genfersees. Dann, wenn er sich mit Kochlegende Frédy Girardet zum Spaziergang trifft – zu Betrachtungen über die Physiologie des Geschmacks und wohlerzogene Hunde.

Zum Wohlsein ohne Columbo, dafür mit Peugeot: Marc Bohren

Café du Cercle
Marc Bohren
Rue du Lignolat 8
1170 Aubonne
021 808 51 06

Ruhetage Sa mittags, So und Mo ganzer Tag.
Geöffnet Di bis Fr ab 11 Uhr, Sa ab 17 Uhr.
Ideal für (Lebens)Künstler, Dichter und Denker und unverbesserliche Romantiker.
Fumoir Open Air.
Frischluft Eine mit Glyzinien überwachsene, lauschige kleine Terrasse.
ÖV Mit dem Bus nach Aubonne.
PW Parkplätze im Dorf.
Zu Fuss Den Pied-du-Jura entlang.
Speziell Am runden Stammtisch beim Buffet hat es meistens einen Stuhl frei. Da darf sich der Gast ein Glas «Dent de Lion» (auf der Basis von Löwenzahn und Grapefruit) nicht entgehen lassen.
Kultur Tischgespräche mit dem Patron.
Küche Schnecken, Saibling, Entrecote.
Keller Zahlreiche lokale und regionale Weine sowie diverse französische Provenienzen.
Gut zu wissen Die Kochlaunen von Marc Bohren sind berühmt – ich habe in 25 Jahren Glück gehabt, andere nicht.
Preise Günstig bis mittel.

Endlose Weiden

Glückliche Romandie! Ihre Dorfbeizen sind zivilisierte Hochburgen des guten Geschmacks. Zum Beispiel in Pampigny. Pampigny?

Nördlich von Morges, nahe dem Fuss des Jura, liegt Pampigny. Mehr Provinz, Ruhe und Müssiggang geht in dieser Region nicht. Verschlafene Dörfer, in denen der Hahn auf dem Miststock kräht und die Kirchturmglocke den Mittag erschlägt, wechseln sich ab mit endlosen Weiden, auf denen die Kühe über Gänseblümchen sinnieren. Ab und zu wird die Idylle von einem umherirrenden Panzer gestört. Die Kaserne von Bière ist nicht weit, die Armee aber auf Sparkurs, das Benzin knapp. Kein Wildwest ist angesagt, keine Museen oder Boutiquen, rein gar nichts, was die Leichtigkeit des Seins beeinträchtigen könnte. Dafür finden sich einige geeignete Pinten, um lustvoll den Tag zu vertrödeln. Zum Beispiel die «Auberge du Chêne».

Gut und bezahlbar

Alte Tische und Stühle stehen im Raum, an denen die Region sitzt und tafelt. Patina liegt in der Luft, an den Wänden hängen Blechschilder und Ölbilder, auf der Schiefertafel steht das Tagesangebot, das Ganze eine Gesellschaftsbühne der besseren Art. Auf den Teller kommt ein taufrischer Löwenzahnsalat von der Wiese nebenan, mit grobgeschnittenen und kräftig gerösteten Speck- und Brotwürfeln, ein zartes, im Gemüsesud gekochtes Stück Rindfleisch, serviert mit frischem Meerrettich, feinen Pommes frites «faites maison» und Lauchgemüse mit Biss zum Freundschaftspreis. Die Weinauswahl überzeugt und konzentriert sich auf die Region und Frankreich. Hervorzuheben gilt es den Mondeuse noire von Yves de Mestral der Domaine de Maison Blanche. Mondeuse noire ist eine alte autochthone Traubensorte, die heute vorwiegend im benachbarten Savoyen kultiviert wird, den Weg zurück in ihr Schweizer Ursprungsgebiet aber allmählich findet.

Schnäpse von Alex Paccot

Leider werden in der Auberge keine Zimmer mehr vermietet, also müssen der Apfelbaumstamm oder die mit Moos gepolsterte Steinmauer für den Verdauungsschlaf hinhalten. Und über allem wacht die sympathische Gastgeberin Chantal Rigoli, die mit ihrem gut eingespielten Team seit Jahren eine kleine gesellschaftliche Oase schafft, die einfach nur Freude macht.

Nichts als leere Stühle und Tische in einem einsamen Raum – bis der Abend kommt

Auberge du Chêne
Chantal Rigoli-Chardon
Rue de l'Auberge 1
1142 Pampigny
021 800 35 09

Ruhetage So und Mo.
Geöffnet Di bis Sa ab 11 Uhr.
Ideal für Realisten, Pintengänger und Tagediebe.
Fumoir Open Air.
Frischluft Stimmungslose Gartenterrasse.
ÖV Mit der Bahn via Morges bis Apples und mit dem Bus nach Pampigny.
PW Parkplätze vor, neben und hinter dem Haus – es wird parkiert, wie es kommt.
Zu Fuss Eine Runde Mont Tendre mit Aus- und Weitsicht.
Speziell Eine bestens funktionierende Dorfbeiz, wie es sie in der Deutschschweiz nur noch wenige gibt.
Kultur An den Wänden Kopien, an den Tischen Originale.
Küche Filet, Steak, Braten und manchmal das eine oder andere «exotische» Gericht wie Couscous oder Paella.
Keller Gute regionale Weine und einige Flaschen aus Genf, Frankreich und Italien.
Gut zu wissen Reservieren tut not, vornehmlich am Mittag, wenn die ganze Region Einlass begehrt. Den Speisesaal ignorieren, das Leben findet im Café statt.
Preise Günstig bis mittel.

BEIZEN

Au Bon Vin
Michel Kunz
Rue des Fontaines 6
1425 Onnens
024 436 13 76
Mo und Di geschlossen.
Voranmeldung erforderlich.

In den Achtzigern bin ich per Zufall Michel Kunz begegnet. Er ist die Herzlichkeit in Person, ist Sammler, Wirt, Koch, Kellner und Galerist und hat klare Vorstellungen, wie sich sein Gast zu verhalten hat. Einmalig. Ein Ort, dem man mit Respekt und Humor begegnet.

Café du Raisin
Marie-José Defferrard
Grand-Rue 26
1268 Begnins
022 366 16 18
Mo und Di geschlossen.

Eine Adresse, die ohne Gault Millau auskommt, nicht aber ohne die resolut-charmante Madame Defferrard. Im Café reservieren!

Restaurant de la Passade
Olivier Dalmire
Grand-Rue
1166 Perroy
021 825 16 91
www.restaurant-lapassade.ch
Mo und Di geschlossen.

Das Dorf, die Region trifft sich hier zu Klassikern wie Felchen mit Frites und anderen schönen Dingen. Stimmungsvoll – wundervoll.

BETTEN

La Cour Pavée
Catherine Indermühle
Chemin du Village-Suisse 15
1272 Genolier
079 660 29 98
www.lacourpavee.ch

Geschmackvoll eingerichtetes B&B in einem ehemaligen Bauernhaus. Routinierte Betreuung, die Auswahl an im Haus hergestellten Konfitüren ist beeindruckend.

La Petite Cabane
Annette und Felix Mann
Rue du Village 29
1127 Clarmont
021 800 31 41
www.lapetitecabane.ch

Charmante Unterkunft für zwei Personen mit Kochgelegenheit und Terrasse an privilegierter Lage mit Sicht auf Dorf, Genfersee und Alpen.

BESUCHEN

Boucherie de Sévery
Route de Cottens 4
1141 Sévery
021 800 33 72
www.boucheriesevery.ch

Ein traditioneller Familienbetrieb, dessen Schweine auf der Weide Auslauf haben. Chapeau!

Moulin et Huilerie de Sévery
Route du Moulin 10
1141 Sévery
021 800 33 33
www.huilerie-de-severy.ch

Handwerklich produzierte Speiseöle, eigene Senfe und Essige.

La Maison du Prieur
Ueli Indermühle
Cour du cloître
1323 Romainmôtier
022 366 01 53
www.eventsetsaveurs.ch
Nur auf Voranmeldung!

Ueli Indermühle vereint im ehemaligen Amtsgebäude des Klostervorstehers gekonnt, lustvoll und in sakraler historischer Atmosphäre Kultur und Kulinarik.

BUCH

Essen wie Gott im Welschland

Mit Worten von Philippe Rochat und Rezepten von Gisèle Peter-André.
www.elsterverlag.ch

Wallis

Käsebraten am Spiess: auch Bratchäs oder Raclette genannt

Bio-Bergkäserei Goms, Gluringen

Auf Reisen mit der Queen

Der Queen ist er nicht begegnet, aber auf der MS Queen Elizabeth 2 der Welt. Im Goms hat er den Heiligen Georg gefunden und ist geblieben.

Klaus Leuenberger ist ein echter «Ämmitaler», der als Schiffskoch die Welt gesehen hat und in Warschau und Katar in den Kochtöpfen rührte, bevor er auf einer Motorradtour nach Ernen kam, Georg kennenlernte und sich in ihn verliebte – ein Haus aus dem 16. Jahrhundert. Diese Liebe hält bis heute. Seit 1997 ist Klaus Leuenberger sesshaft, bereist nicht mehr die Welt, sondern das Goms, immer auf der Suche nach den besten Produkten. Im «St. Georg» zelebriert er keine spezifische Walliser, sondern eine allgemeine Alpenküche, die nicht nur von den Feriengästen, sondern auch von den Einheimischen geschätzt wird. Sie überzeugt mit traditionellen Gerichten, vermischt mit einer Prise Modernität und einem Hauch von Orient. Das Resultat ist eine aromatische Vielfalt, die überrascht und gefällt.

Schweinefett und Kalbsnierenfett

Es ist nicht einfach, täglich auf hohem Niveau für Gäste mit unterschiedlichen Ansprüchen zu kochen. Die einen haben kaum Zeit, müssen in den Ferien ihr Programm abspulen, die anderen nehmen sich Zeit und stören sich daran, wenn der Service im Stress ist, eben wegen jenen Gästen, die ihr Programm abspulen müssen… Ja, und dann gibt es im Zeitalter der TV-Kochsendungen noch die Sorte Gast, die alles besser weiss: «Guter Mann, ich hätte gerne eine perfekte Rösti. Ich erkläre Ihnen, wie das geht…» Klaus Leuenberger kann damit locker umgehen. Er ist als Bauernsohn mit einer Rösti aufgewachsen, die mit Schweine- und Kalbsnierenfett «süferli» zu ihrer Farbe und zu ihrer Konsistenz kam. Der vorwitzige Gast jedenfalls war von Leuenbergers Rösti begeistert. Fazit: Der Kluge kommt in der Nebensaison.

Tauchen im Bergsee

Klaus Leuenberger fühlt sich im Wallis heimisch, die Bergseen laden zum Tauchen ein, die Passstrassen zum Motorradfahren, und sonst ruft die Küche: Gommer Käsefrikadelle, Muskatellersuppe mit Specklinsen und Wachtel, Wollschweinshaxen von nebenan und zartrosa gebratene Lammkoteletts mit Pastinakenpüree. Gerichte, die einem im Gaumen haften bleiben. Klaus Leuenberger freut sich über Auszeichnungen, doch was für ihn zählt, sind zufriedene Stammgäste, die sich über seine Alpenküche freuen.

Gefühlsecht und mit Zukunftsblick: Anna-Lisa und Klaus Leuenberger

St. Georg
Klaus Leuenberger
3995 Ernen
027 971 11 28
www.stgeorg-ernen.ch

Ruhetage Mo und Di.
Geöffnet Mi bis So ab 10 Uhr.
Ideal für Gebirgler und Flachländer.
Fumoir Open Air.
Frischluft Terrasse vor dem Haus mit Blick auf den Dorfplatz.
ÖV Von Brig mit dem Zug nach Fiesch, dann mit dem Bus bis Ernen.
PW Parkplätze im und ausserhalb des Dorfes.
Zu Fuss Den Rotten (Rhone) entlang oder im Binntal den Strahlern nach.
Speziell Klaus Leuenberger arbeitet intensiv mit dem Verein Slow Food Schweiz und der Stiftung ProSpecieRara zusammen.
Kultur In der Dorfkirche finden immer wieder Konzerte statt. Auch ein Kirchenmuseum gibt es. Neu hinzugekommen ist der Landschaftspark Binntal. www.ernen.ch
Küche Grossmutters Rezepte gekonnt und mit modernen Akzenten umgesetzt.
Keller Die Weinkarte ist etwas wild und unübersichtlich gestaltet, dafür mit Weinen von unbekannten Walliser Winzern bestückt, die den grossen Namen in nichts nachstehen. Die Weine von Chanton sind eigenwillig, aber wundervoll.
Gut zu wissen Das Personal ist jung und alles andere als perfekt, dafür herzlich. Auch was.
Preise Mittel.

Ganz schön altmodisch

Meditativ ist der Ort, charmant die Gastgeberin und biologisch die Kost. Der Heimatschutz zählt das «Beau-Site» zu den schönsten Hotels der Schweiz.

Wer in dieser Idylle seine Ruhe nicht finde, sei ein hoffnungsloser Fall, behauptet der Schweizer Heimatschutz. Das Hotel «Beau-Site» in Chemin-Dessus oberhalb von Martigny wurde mit einer Mischung aus Unbekümmertheit und respektvoller Zurückhaltung sanft renoviert. Die Einrichtung widerspiegelt das Sammelsurium der Lebensweisheiten, die hier zelebriert werden. Wohl fühle ich mich in der kleinen Beiz mit dem langen Ofenrohr, die auch als Reception dient. Hier mit einem Tropfen von Marie-Thérèse Chappaz im Glas zurückzulehnen, ist meine Meditation. Ohne Yoga und Selbstfindung, dafür mit einem Krimi von Patricia Highsmith.

Wie zu Pionierzeiten

Die biologische Kost von Xavier Lequarré wird vegetarisch zubereitet: Ein taufrischer Salat, ein Teller Pasta mit Saubohnen (pardon, die heissen so), etwas Rösti mit Pilzragout und eine Aprikosentarte. Wer mag, bestellt noch etwas Alpkäse, der auch zum gesunden Frühstück mit Leinsamenbrot serviert wird. Dann geht's zu Bett oder mit einer Zigarre und etwas Lebenswasser unter den Sternenhimmel. Das «Beau-Site» strahlt Ruhe aus, kein Fernseher, kein Radio stört, es warten eine Bibliothek und ein Raum für das Klavierspiel oder die Diskussion. Das Hotel hat dreizehn Gästezimmer mit fliessendem Wasser und Etagenbäder wie zu Pionierzeiten. Im vierten Stock sind einem die Dachschrägen im Weg, luftig und grösser sind die Räume in den unteren Etagen. Ich empfehle die Zimmer 4 und 11.

Von Vuilleumier zu Vouillamoz

1982 hat Urs Vuilleumier sich den Wunsch eines eigenen Hotels in der Abgeschiedenheit erfüllt, das «Beau-Site» gekauft und ist nach Chemin-Dessus gezogen. Nun hat er das Zepter an Sylvie Vouillamoz übergeben. Mit ihr ist das Fleisch gänzlich aus der Küche verschwunden, und die Zimmer haben mehr Farbe bekommen. Gleich geblieben sind das Bistro, die Sonnenterrasse und der Garten. Manche behaupten, das «Beau-Site» sei ein Kraftort, andere flüchten nach dem ersten Tag, mir gefällt es wegen seiner Aura. Auch mit der neuen Gastgeberin. Wer das Haus besuchen will, dem rate ich zum vorherigen Studium der Website. Mehrheitsfähig ist das «Beau-Site» nicht, aber auf seine altmodische Art schön.

Ein Platz an der Sonne in Chemin-Dessus

Beau-Site
Sylvie Vouillamoz
Chemin-du-Mont 13
1927 Chemin-Dessus
027 722 81 64
www.chemin.ch

Ruhetage Unterschiedlich.
Geöffnet Von Juni bis August täglich, ansonsten unterschiedliche Öffnungszeiten (siehe Website).
Ideal für Denker, Klavierspieler, Vegetarier, Yogajünger und Künstler aller Art.
Fumoir Open Air.
Frischluft Garten.
ÖV Mit dem Zug bis Martigny, dann mit dem Postauto (fährt nicht immer) oder dem Taxi nach Chemin-Dessus.
PW Parkplätze vor dem Haus.
Zu Fuss Durch die Wälder in zwei Stunden den Berg hinauf.
Speziell Ein entrückter, aber angenehmer Ort, der sich zur Selbstfindung eignet. Nur entspannen geht aber auch.
Kultur Die Dorfkapelle war ein Geschenk einer reichen Pariser Dame. Mehr dazu direkt vor Ort.
Küche Grüner Salat, garniert mit marinierten Peperoni und gerösteten Kürbiskernen, Biokäse, gebackener Apfel.
Keller Eine schöne Auswahl an Walliser Weinen.
Gut zu wissen Gegessen wird vegetarisch. Das gemeinsame Abendessen wird um 19 Uhr serviert.
Preise Mittel.

BEIZEN

La Sitterie
Jacques Bovier
Rue du Rawil 41
1950 Sion
027 203 22 12
www.lasitterie.ch
Di bis Sa mittags und abends geöffnet.

Mikrobeiz mit wenigen Tischen und faszinierender Küche. Fischsuppe mit Absinth, Kalbscarrée, Vacherin Mont d'Or mit Birnen, dazu lokale Walliser Weine. Es stimmt alles. Jacques Bovier ist mein Lieblingskoch im Unterwallis.

BETTEN

Bella Tola & St-Luc
Anne-Françoise und Claude Buchs-Favre
3961 St-Luc
027 475 14 44
www.bellatola.ch

Zwischen 1883 und 1893 erbaut. Seit 1996 «peu à peu» zu neuem Leben erweckt. Urgemütliche Lounge und Bibliothek, gediegenes Spa, unterschiedliche Zimmer, gutes Essen, ein Maiensäss für Verliebte. Kurz, ein Hotel zum länger Verweilen. Der Seitenblick auf das Matterhorn ist im Preis inbegriffen.

Hotel Weisshorn
3961 St-Luc
027 475 11 06
www.weisshorn.ch

Kein perfekter Ort, sondern einer mit vielen kleinen Fehlern, aber mit einer vorzüglichen Küche und in einem einmaligen Umfeld auf 2337 m ü. M. Am Abend im Salon die Zeit des Fin de Siècle mit einem Single Malt und einer Zigarre hochleben zu lassen, kann nicht schaden. Und dazu das Alpenglühen … Die Anfahrt mit dem Auto hört in St-Luc auf. Weiter geht's mit der Seilbahn hinauf nach Tignousa und von dort zu Fuss den Planetenweg entlang zum Hotel. Im Winter mit Fellen oder Schneeschuhen, im Sommer mit Wanderschuhen.

BESUCHEN

Dupont
Bernard Dupont
Route de Pro-Bovey 10
1907 Saxon
027 744 23 48
www.abricotine-dupont.ch

Bei Monsieur Dupont gibt es die beste Abricotine im Wallis.

Hischier Weine
Roland Hischier
Zwingarten 24
3902 Brig-Glis
027 924 36 58
www.hischierweine.ch

Ideal für Ausflügler, die keine Zeit haben, die Walliser Weinbauern einzeln zu besuchen. Hier finden sich die besten Weine auf einen Streich und vieles andere mehr.

Musée de musique mécanique
Jean Furrer
Route de Botyre 39
1966 Ayent
027 398 49 44

Unweit von Sion betreibt Jean Furrer ein Museum mit mechanischen Musikinstrumenten. Klein, speziell und sympathisch.

BUCH

Walliser Totentanz
Werner Ryser

Dieses Buch vermittelt ein vielschichtiges Bild des Lebens und Treibens im alpinen Raum im 15. Jahrhundert. Es handelt von Sitten und Unsitten, von Glaube und Aberglaube. Im Wallis ein Bestseller.
www.mengis-visp.ch

Zug

Mit Speck fängt man tolle Kirschen: Zuger Kirschtorte «at its best»

Confiserie Speck, Zug

Turi rennt!

Ein Koch ist wohlbeleibt oder zumindest stattlich. Das war einmal. Heute ist er sportlich, durchtrainiert, dünn wie ein Model. Kochen kann er trotzdem.

Turi Thoma kocht, schmeckt ab, bildet aus, richtet an – und rennt. Nicht aus der Küche, sondern in seiner Freizeit. Einige Kilometer Lauftraining wöchentlich müssen sein, sonst wird er unruhig, mit einem Marathon pro Jahr belohnt er sich für das eiserne Training. Laufen ist ein Ausgleich zu seinem Beruf, wie das auch ein Abend auf dem Balkon der «Villa Villette» sein kann. Hier tüftelt er im Geiste an seinen Gerichten herum, hier atmet er durch, hier trinkt er mit seiner Frau Marianne ein Glas Wein. Ein mit sich zufriedener Koch ist ein beruhigender Anblick. Das geht aber nur mit einer starken Frau. Marianne Thoma ist seit Jahrzehnten Turis Rückgrat. Ohne Partner sind Köche nicht viel wert. Sie zerbrechen an ihrem Beruf, ihrem Frust und an der Einsamkeit. Genug sinniert.

Moderne Wünsche

Bekannt wurden die Thomas im «Muggensturm» in Bischofszell. Von Gault Millau mit 16 Punkten geehrt, zogen sie auf dem Sprung zum siebzehnten die Notbremse und gönnten sich eine «Auszeit» im Restaurant des Golfclubs Dietschiberg in Luzern. Hier träumten sie von einem neuen Lokal, einem modernen Bau aus Glas, Holz, Stahl, Beton. Gefunden haben sie 2009 die «Villa Villette» in Cham, ein unter Denkmalschutz stehendes Haus aus dem Jahr 1866. Alles andere als modern. Egal. Die Thomas sind angekommen, haben sich mit ihrer Villa arrangiert und fühlen sich mittlerweile sehr wohl in ihr.

Ungekünstelt und marktfrisch

Turi Thoma kocht leicht, elegant, der Gast verlässt die «Villa Villette» fast schwerelos. Erstaunlich, nach Wildschweinrohschinken mit mariniertem Rotkraut, Kürbis-Cappuccino mit Amaretti, Zugersee-Eglifilets mit Trauben und Nüssen, Rehrücken an Holunder-Ingwersauce, Rohmilchkäse und Zwetschgen-Quarkknödeln mit Quittenparfait. Wem sechs Gänge zu viel sind, der kürzt ab oder hält sich gleich an die gut durchdachte kleine Karte: marinierte Zugersee-Forelle mit Algensalat zum Beispiel? Nach dem Essen erlaubt die angemessene Rechnung den Genuss einer kleinen Flasche La Grive, eines roten Likörweins von Raymond Paccot aus Féchy, der sich aus den Trauben Gamaret und Garanoir zusammensetzt. Für einen Heiratsantrag der ideale Sekundant.

Immer in Schwung: Turi und Marianne Thoma

Villa Villette
Marianne und Turi Thoma
Villettepark
6330 Cham
041 780 55 36
www.restaurant-villette.ch

Ruhetage Januar und Februar Betriebsferien. Von Oktober bis Dezember und im März Di und Mi ganztags und So ab 19 Uhr. Von April bis September Di ganztags und So ab 19 Uhr.

Geöffnet Je nach Saison Di oder Mi bis So ab 9 Uhr.

Ideal für Romantiker, Heiratswillige und Geniesser.

Fumoir Open Air.

Frischluft Schöner Freisitz im Park.

ÖV Mit dem Zug bis Cham.

PW Limitierte Anzahl Parkplätze beim Bahnhof.

Zu Fuss Vom Bahnhof durch die Unterführung und in wenigen Minuten zur Villa.

Speziell Klaviersonaten zum Tee spielt Martin Krähenmann jeden ersten und dritten Do im Monat zwischen 15 und 17 Uhr.

Kultur «witty line – place of art» in Steinhausen. Galerie, Bar, Malkurse, Workshops, Events und mittendrin Erica Wittenwiler. www.witty-line.ch

Küche Tafelspitz, Zuger Rötel (Seesaibling), Pilzragout.

Keller Meine Welt! Filigrane Weine statt «Holzbomben». Der Schwerpunkt liegt auf Schweizer Weinen wie etwa einem Chenin blanc der genialen Domaine Cornulus in Savièse/VS. Kompliment!

Gut zu wissen Wer die «Villa Villette» nur als Schönwetterlokal sieht, liegt falsch. Bei Regen wird es noch romantischer.

Preise Mittel. Sehr fair kalkulierte Weinpreise.

Auf Shoppingtour

Es ist nicht nötig, die Polizei zu alarmieren, wenn das Inventar des Restaurants «Tisch und Bar» im Kofferraum der Gäste verschwindet. Das gehört zum Konzept.

Der Mehrwert im Restaurant «Tisch und Bar» hat nichts mit der Steuer, sondern mit dem möglichen Einkauf zu tun: Wohnaccessoires, Lampen, Stühle, Tische, kurz, ein ganzes Sammelsurium von Kunst und Plunder, das der Gast erwerben kann. Nicht selten geht er mit leerem Magen und leeren Händen hinein und kommt mit vollem Magen, vollen Händen und leerer Brieftasche wieder heraus.

Beständige Küche

Seit fünf Jahren kocht Ruth Bachmann konsequent gute und saisonale Gerichte mit einigen Ausflügen in exotische Gefilde. Weniger konsequent ist in einigen Punkten die Einkaufsphilosophie. Pangasius reagiert besonders empfindlich auf Überfischung, weshalb ich ihn nicht auf dem Teller haben mag. Auch kein Rind aus den USA oder Zuchthirsch aus Neuseeland. Dafür schätze ich die französischen «Moules à la crème», die nach einem alten Rezept der berühmten Brasserie Lipp in Zürich zubereitet werden, oder die fleischlosen Gerichte wie der Käseflan aus Muotathaler Alpkäse auf Rahmspinat oder der lauwarme Linsensalat an einer Feigensenf-Vinaigrette mit italienischem Burrata-Mozzarella. Wundervoll (Vegetarier bitte kurz weglesen) ist auch der aufgeschnittene Markknochen mit Fleur de sel und geröstetem Schwarzbrot.

Von Cham nach Holzhäusern

Ursi Gisler hat zehn Jahre lang erfolgreich in der «Milchsüdi» in Cham gewirtet, bevor ihr Mann ihren Traum des eigenen Lokals verwirklicht hat. Der Laden brummt, was bei einem Team von 27 Frauen und drei Männern nicht weiter erstaunt. Als Gegenpol gibt es einen langen Männertisch, der, der Name verrät es, den Gentlemen vorbehalten ist. Ursi Gislers Erfolgsrezept ist einfach: Am Morgen warten Zeitungen, Kaffee und Croissants auf die Pendler, am Samstag das opulente Frühstück auf die Familien, unter der Woche das Mittagsmenü auf die smarten Geschäftsmänner, die sich am Abend zur Bar begeben und sich bei einem Glas Taittinger brut unterhalten, was Appetit verursacht und zum Dinieren oder zumindest zum Soupieren animiert. Und zwischendurch verlocken Kunst und Plunder zum Shopping, was wiederum Durst verursacht. Der Kreis schliesst sich. Nur übernachten geht nicht bei «Tisch und Bar». Noch nicht!

Dreierlei von «Tisch und Bar»: Sandra und Ursi Gisler, Ruth Bachmann

Tisch und Bar
Ursi und Paul Gisler
Holzhäusernstrasse 4
6343 Holzhäusern
041 790 33 88
www.tischundbar.ch

Ruhetage So und Mo.
Geöffnet Di bis Sa. Bar und Laden sind ab 9 Uhr geöffnet, das Restaurant jeweils mittags und abends.
Ideal für Geschäftsleute, Einkäufer, Entdecker und Familien.
Fumoir Open Air.
Frischluft Terrasse.
ÖV Via Cham oder Rotkreuz nach Holzhäusern, dann mit dem Bus bis St. Wendelin.
PW Beschränktes Parkplatzangebot.
Zu Fuss Holzhäusern ist ein Verkehrsknotenpunkt, zur Erholung wartet in Risch das intime Seebad Zweiern (knapp 3 km entfernt).
Spezlell Alles, was nicht niet- und nagelfest ist, kann man kaufen.
Kultur Wem es in Holzhäusern zu eng und zu laut wird, der fährt mit dem Ballon in die Luft. www.ballooning.ch
Küche Schwarzwurzeln im Bierteig, Kalbsschnitzel.
Keller Speziell ist der Belleruche blanc AOC aus weisser Grenache, Clairette und Bourboulenc.
Gut zu wissen «Tisch und Bar» ist ein umtriebiges Lokal mit einer geschäftstüchtigen Gastgeberin. Das Ganze hat Charme, der Gast wird von selbstbewussten Mitarbeiterinnen freundlich betreut, die jeden Macho spielend in Schach halten.
Preise Mittel.

BEIZEN

Zur Taube – La Paloma
Therry und Daniel Schäfer-Schmidlin
Unter Altstadt 26
6300 Zug
041 711 32 66
So und Mo geschlossen.

Ein wundervoller Ort mit Ausblick auf See und mehr. Am Mittag kommt ab und zu ein Hackbraten auf den Tisch, ansonsten kommt es dem Gast spanisch vor. Eigentlich meine Lieblingsbeiz im Kanton. Leider muss die «Taube» Eigentumswohnungen weichen. Die Schäfers sind in der Mieterstreckung, im Herbst 2012 ist Schluss. Damit verliert Zug sein eigenwilligstes Lokal. Hingehen, bevor die «Taube» fällt!

Wirtschaft Freimann
Susanne Freimann
Letzi 27
6300 Zug
041 741 35 10
www.wirtschaft-freimann.ch
Mi geschlossen, Do bis Di ab 8 Uhr geöffnet.

Liebenswürdige Gastgeber, authentische Atmosphäre ohne Folklorebarock. Natura Beef vom eigenen Hof und immer samstags bestes Suppenfleisch mit Fettaugen in der Bouillon. Zum Pflichtkonsum gehört der traditionelle Lebkuchen, verdaut wird mit hausgebranntem Kirsch.

BETTEN

Aige Esdewebe
Grabenstrasse 6
6300 Zug
041 710 52 10
www.allesistgut.ch
Mo bis Fr ab 6, Sa ab 7 und So ab 8 Uhr geöffnet.

Sich mal im Andachtsraum niederlegen? Hier ist das möglich. Das Ganze ist angenehm skurril, mit «Aige»-Produkten, kurlosen Aktionen, Café, Bar und B&B. Kurz, der etwas andere Ort in Zug.

BESUCHEN

Tischlein Deck Dich
Carina Quadri Müller und Hans Müller-Quadri
Grienbachstrasse 11
6300 Zug
041 761 29 04
079 350 26 45
www.tischlein-deckdich.ch

Innovativer, exzellenter und professioneller Caterer, der fast alles mitmacht und sogar «real Scottish» kochen kann. Der ehemalige britische Verkehrsminister, Dr. Gavin Strang, war an einer «Burns Night» in Basel von Hans' Küche begeistert – ich bin es auch.

Waldrestaurant Höllgrotten
6340 Baar
041 761 66 05
www.hoellgrotten.ch
Geöffnet von April bis Oktober. Mo geschlossen.

Vom Tropfen zum Hopfen! Höhlenbesichtigung und dann ein Bier. Wer sich im idyllischen Garten verlustieren will, setzt sich in den bedienten Teil. Das Gartenmobiliar stammt aus dem 19. Jahrhundert.

BUCH

Sakrales und Profanes aus dem Zugerland
Josef Lang

Josef Lang über Religions- und Kulturgeschichte. Sechs Kapitel über Katholizismus, Wallfahrten, Bundespropheten und mehr. Alles andere als langweilig.
www.bannverlag.ch

Zürich

Mit Bircher-Benner in der Fremde: Original Alpen Müsli

Made in England bei Weetabix in Kettering, Northamptonshire

Die Leichtigkeit des Seins

Rolf Grob ist das pure Gegenteil eines stattlichen Kochs. Der Triathlet ist durchtrainiert, seine Küche leicht, sein Landgasthof von zeitloser Eleganz.

Besitzer und Pächter haben dem «Rössli» in Lindau die Sporen gegeben und imposant renoviert, wobei das Wort Totalsanierung eher zutrifft. Entstanden ist ein stimmungsvoller Ort, unterteilt in Bistro und Gourmetstube, in marktfrische Alltags- und anspruchsvolle Gourmetküche. Das technische Herzstück des Hauses steht in der Küche, heisst Molteni und ist ein Gaskochherd der Spitzenklasse, sozusagen der Rolls-Royce der Profiköche. Kompliment für so viel Tatendrang und den Mut, kompromisslos das Beste zu suchen, zu finden und umzusetzen. Dabei halten sich im «Rössli» Verpackung und Inhalt angenehm die Waage.

Disziplin und Lebensfreude

Rolf Grob ist ein Mensch der leisen Töne, seine anspruchsvollen Gerichte kommen ohne Showeffekte aus, blenden nicht mit Dekor, sondern überzeugen durch die Produkte und deren Verwendung. So klar wie die Einrichtung des Hauses, so klar ist auch die Kochsprache. Das Pot-au-feu vom Fisch, mit Saibling und Wolfsbarsch, gekocht in einem dezenten Safran-Muschelsud und serviert mit hauchdünnen Ravioli, das Zürcher Oberländer Weidelamm oder das zarte Stück Fleisch vom Charolais-Rind begeistern mit subtiler Zubereitung, perfekten Garzeiten und feinen Aromen.

Ein wenig Provence

Im «Rössli» heisst die sympathische Christine Grob die Gäste willkommen. Spielend bringt sie Landgasthof, Gäste, drei Kinder und einen beruflich wie sportlich ambitionierten Mann unter einen Hut. Das kann nur die Leichtigkeit des Seins sein. Von Zeit zu Zeit trabt das «Rössli» in die Provence. Hier zelebriert Rolf Grob seine Kochkurse, hier bringt er seinen Gästen den Umgang mit Olivenöl und Kräutern bei. Etwas Süden muss bei Rolf Grob jährlich sein, hat er doch während fünf Jahren in Monte Carlo bei Alain Ducasse gearbeitet, einem der weltbesten Köche. Das prägt. Wer ohne Kochkurs wissen will, wie Rolf Grob kocht, der setzt sich im Bistro in die erste Reihe und sieht durch das Panoramafenster dem Küchentheater zu oder macht sich als Topfgucker direkt in der Küche ein Bild.

Film ab: grosses Küchenkino mit Rolf Grob

Restaurant Rössli
Christine und Rolf Grob
Neuhofstrasse 3
8315 Lindau
052 345 11 51
www.roessli-lindau.com

Ruhetage So und Mo.
Geöffnet Di bis Sa von 9 bis 15 Uhr und ab 17 Uhr.
Ideal für Frankophile Gourmets, Zigarrenraucher, Ernährungsberaterinnen, Rösseler und Genussmenschen.
Fumoir Angenehm bequem mit einer gepflegten Zigarrenauswahl.
Frischluft Gediegener Freisitz vor dem Haus.
ÖV Von Zürich mit der S3 nach Effretikon, dann mit dem Bus bis Lindau Dorf.
PW Parkplätze gegenüber.
Zu Fuss Naturgänger erforschen das Zürcher Oberland und übernachten in der Sennhütte Strahlegg in Steg. www.sennhuette-strahlegg.ch
Speziell Küchengänger sind willkommen.
Kultur In einer halben Stunde ist man im «Salzhaus» in Winterthur. Hier gehen immer wieder spezielle Konzerte über die Bühne wie mit der schottischen Pop-Ikone Fish oder dem helvetischen Stimmwunder Endo Anaconda von Stiller Has. www.salzhaus.ch
Küche Bretonischer Hummer und andere Krustentiere, Seeteufel, Steinpilzpolenta mit Olivenöl, Lammravioli, Kalbsbäckli.
Keller Diverse Schweizer Weine und zahlreiche französische Provenienzen – auch im Offenausschank.
Gut zu wissen Der Gast kann wählen zwischen Bistro und Gourmetstube.
Preise Mittel bis gehoben.

Erik total!

Bederhof, Old Fashion Bar, Fischstube, SwissDinner – Erik Haemmerli ist überall und nirgendwo. Klonen wäre eine Möglichkeit, oder anbinden …

Wer Erik Haemmerli sucht, ihm in die Augen sehen will, setzt sich samstags um 18:20 Uhr vor den TV und führt sich auf Tele Züri (oder einem anderen Regionalsender) die Sendung «SwissDinner» zu Gemüte. Oder besser noch, man versucht es mit einem Drink und einem Clubsandwich in der «Old Fashion Bar», mit einem opulenten Mahl im «Bederhof» oder lässt sich in der «Fischstube» treiben, die Erik Haemmerli seit Mai 2011 mit zwei Berufskollegen führt. Irgendwo wird er wohl sein. Eins muss man dem Gastronomen lassen: Er verzettelt sich nicht. Trotz drei Betrieben und einer Fernsehsendung. Sein Rezept: Er sichert seine Restaurants mit guten Mitarbeitern ab, die mitdenken.

Kontrollstelle Andrea

Erik Haemmerli hat eine Fantasie, die ihn beflügelt und seine Frau Andrea, die ihm Bodenhaftung verleiht und ihn vor dem Abheben bewahrt. Seine Ideen setzt er schnörkellos um, Budget, Kosten und Ertrag hat er im Kopf und dank Andrea im Griff. Erik Haemmerli ist ein nachhaltig denkender Mensch, der wissen will, was für ein Leben sein eingekauftes Schlachtvieh hatte. Qualität entsteht auch durch artgerechte Tierhaltung. Kommt hinzu, dass sich der «Bederhof» nicht scheut, auch mindere Fleischteile zu verwerten. Wenn schon Fleisch, dann alles. Wer Markbein, Kutteln oder Kalbskopf liebt, ist im «Bederhof» genauso richtig wie der Vegetarier, der nicht mit schlappem Gemüse drangsaliert, sondern mit einem aromatischen Gemüseragout verwöhnt wird.

Teamgeist

Im «Bederhof» steht eine pragmatische Küche im Vordergrund, die Klassiker serviert, spartanisch anrichtet und eine klare Sprache spricht. Und vor einer Überdosis Kräutern muss man sich auch nicht fürchten. Die Hauptrolle in der Küche spielt Philipp Zumbach, der ab und zu einige asiatische Gerichte auftischt und dann mit einer sorgfältig ausgetüftelten Vielfalt an Aromen zuschlägt. Für einen reibungslosen Ablauf in der stets pulsierenden Beiz sorgt Thomas Trautweiler, der seine Gäste und ihre Spezialwünsche sicher im Griff hat. Fazit: Der «Bederhof» ist ein gutes Beispiel einer lebendigen, lustvollen Gastronomie an langen Holztischen. Und mittendrin, wenn er denn da ist, Erik, der Ruhelose.

Der «Hausmeister» Erik Haemmerli serviert, die Tafelrunde staunt

Bederhof
Erik Haemmerli, Thomas Trautweiler, Philipp Zumbach
Brandschenkestrasse 177
8002 Zürich-Enge
044 285 15 00
www.bederhof.ch

Ruhetage Von Juni bis September So ganzer Tag. Von Oktober bis Mai nur So Mittag.
Geöffnet Mo bis Fr mittags und abends, Sa ab 18:30 Uhr. Oktober bis Mai So ab 17 Uhr.
Ideal für Trendsetter, Zoo- und Beizengänger, Bratenesser und Lebenskünstler.
Fumoir Open Air.
Frischluft Einige Tische im Freien.
ÖV Mit dem Tram 13 vor die Haustür (Waffenplatzstrasse).
PW Im Quartier. Ich empfehle Tram, Bus oder Taxi.
Zu Fuss Im Quartier Enge alte Häuser bewundern.
Speziell Der «Bederhof» verfügt über eine stimmungsvolle Bar in der abends viel los ist. Wer es wie die Briten mag, genehmigt sich zuerst einmal den «early evening drink» im bequemen Fauteuil. Erst danach geht's zum Dinner.
Kultur Das Seebad Enge ist mehr als nur ein Bad. www.tonttu.ch
Küche Klassiker wie Rindstatar, «Ghackets und Hörnli», Wiener Schnitzel gekonnt umgesetzt.
Keller Flaschen aus der Schweiz, Frankreich, Italien und Spanien.
Gut zu wissen Von Oktober bis Mai wird am Sonntagabend der Braten aufgefahren, der auch mal eine Schweins- oder Kalbshaxe sein kann.
Preise Mittel.

BEIZEN

Osteria Büscion
Zweierstrasse 114
8003 Zürich
044 450 17 50
www.buescion.ch
Di bis Sa ab 17 Uhr geöffnet.

Gabriella Kölliker-Galli erklärt, trägt auf, räumt ab, ein Schwatz da, eine Gazosa dort. Das kleine, feine Angebot überzeugt, der Americano zum Aperitif ebenso, Lardo, Hühnerleber, Rindsvoressen, Polenta und Luganighe sowieso. Keiner ist auf der Flucht, alle haben Zeit. Kompliment!

Restaurant zum Löwen
Löwenstrasse 16
8400 Winterthur-Veltheim
052 212 53 90
Mo bis Fr von 9 bis 14:30 Uhr und ab 17 Uhr geöffnet.

Beatrice und Wädi Egli wissen, wie es geht: Stammgäste überall, der Garten ein Refugium, die Beiz urgemütlich, das Essen gut. Angesagt sind Bachsaibling, Kalbspiccata und andere schöne Dinge.

BETTEN

Guesthouse Hohmatt
Mirjam und Ueli Laib
Gassacherstrasse 12
8488 Turbenthal
052 385 24 24
www.guesthouse-hohmatt.ch

Klein, fein, exquisit. Von den Daunendecken über die gemütliche Stube bis hin zur Gastfreundschaft: Wohlfühlfaktor 10 plus!

Haus Blumenhalde
www.heimatschutz.ch
www.ritterhaus-uerikon.ch

Ferien im Baudenkmal, Seeanstoss und Ruderboot inklusive. Traumhaft und zahlbar.

BESUCHEN

Macelleria Salumeria Fulvi
Schöneggstrasse 28
8004 Zürich
044 242 89 57
www.macelleria-fulvi.ch

Qualität ist kein Zufall bei Inhaber Joseph «Jo» Fulvi, der im «Chreis Cheib» ein Stück Italianità zelebriert. Wer Schweinsohren, Schwartenmagen und andere Nettigkeiten zu schätzen weiss, wähnt sich im Paradies.

Welschland
Laurent Houriet und Jürg Steiner
Zweierstrasse 56
8004 Zürich
043 243 98 50

Das Welschland liegt jetzt in Zürich! Zumindest für Wurst- und Käseliebhaber. Und die mächtige Waadtländer Boutefas (grobgehacktes Schweinefleisch im Schweinedarm) gibt es in den Wintermonaten auch. Himmlisch!

Theater Ticino
Seestrasse 57
8820 Wädenswil
044 780 93 58
www.theater-ticino.ch

Vor dem Theater den Hunger stillen, nach dem Theater an der Bar den Durst löschen und zwischendurch das Theater im Theater geniessen.

BUCH

Bratwurst für Prominente
Peter Zeindler

Ein Buch über Zürichs beste Bratwurst, kriminalistisch veredelt.

Grenzgänge

Abgezapft in
Deutschland, Frankreich, Italien und Österreich

Entkorkt bei «l'enoteca Liechti Weine», Basel

Paula war hier

Paula ist der Liebling der «Taberna». Ein kleiner Sonnenschein, der dem Service an die Schürze geht und die Holztische mit dem Nachtisch signiert.

Dienstagmittag in Müllheim (nicht zu verwechseln mit dem französischen Mülhausen, das 30 km entfernt in südwestlicher Richtung liegt). Mahlzeit! Es sitzen am Tisch: Prokuristen, Lebenskünstler, Winzer, «Häuptling spitze Feder», Lehrerinnen und Paula mit ihrer Mama. Alle freuen sich an Erbsensuppe mit Speck, Bratwurst mit Kartoffelpüree und Zwetschgenkompott. Paula freut sich vor allem über die blaue Sauce, mit der sie auf dem Holztisch ihre Malkunst trainiert. Mama lächelt und ist stolz auf die künstlerischen Fähigkeiten ihres kleinen Siruptrinkers. Helmut, Gastgeber und Koch in Reserve, nimmt es gelassen, nach dem Mittag ist Paula fort, die Holztische sind abwaschbar, das Blau geht mit Javelwasser weg, der Krimskrams am Boden lässt sich ebenfalls wegwischen und nächsten Dienstag gibt's Milchreis – ohne Kompott.

Von der Schiefertafel

Eine Speisekarte kennt die «Taberna» nicht, was die Küche bietet, steht auf der Schiefertafel. Eine Menüfolge von Helmuts Geschäftspartner und Koch Thorsten Jauch kann so aussehen: Focaccia mit Rohschinken, mit Zitronensaft und Olivenöl parfümierter Pulpo, Kaninchenfleischküchlein mit Artischockenherzen, Tajarin mit frischen Steinpilzen und Perlhuhnbrust mit Mangold. Dazu passen ein Müller-Thurgau von Karlheinz Ruser und ein Spätburgunder von Hermann Dörflinger. Lebensfreude nennt sich das.

Am Sonntag will ich essen gehen!

Neben dem sommerlichen Grillabend mit Sardine, Dorade, Rotbarbe, Knurrhahn und Co. erfreut sich auch der badische Mittagstisch regen Zuspruchs: Kartoffelsuppe mit geräucherter Forelle, Feldsalat mit pochiertem Ei, Hinterwälder-Rind mit Kartoffelsalat, Suppenfleisch mit Meerrettich und Gemüse. Der Renner in der «Taberna» bleibt aber die piemontesische Sonntagstafel. Mittlerweile wird sie sechs Mal im Jahr angeboten. Im Herbst gehört der Alba-Trüffel dazu, dann wird's teurer, wobei es natürlich freiwillig ist, beim Raffeln der Trüffel den Teller hinzuhalten. Helmut Schuster stand in den Achtzigern am Herd der legendären «Contea» in Neive. Er weiss also, wie sich das Piemont auf der Zunge anfühlt. Dazu werden Dolcetto und Barolo von Altmeister Lorenzo Accomasso aus La Morra kredenzt. Wundervoll!

Taberna Müllheim
Helmut Schuster und Thorsten Jauch
Marktplatz 7
D-79379 Müllheim
0049 76 31 17 48 84
www.taberna-muellheim.de

Ruhetage So (mit Ausnahmen) und Mo Abend. Von November bis April bleibt das Lokal nachmittags zu.
Geöffnet Von Mai bis Oktober am Mo von 11 bis 15 Uhr und von Di bis Sa ab 11 Uhr durchgehend.
Ideal für Rumtreiber, Überhocker und Piemontfreunde.
Fumoir Open Air.
Frischluft Schöner Freisitz über dem Klemmbach.
ÖV Mit der Bahn via Basel bis Müllheim, dann mit dem Bus ins Zentrum.
PW Auf der Autobahn via Basel Richtung Karlsruhe, Ausfahrt 65 Müllheim.
Zu Fuss Den Klemmbach entlang nach Niederweiler in die «Klemmbachmühle» zu Kaffee, Kuchen und mehr (0049 76 31 28 00).
Speziell An diversen Sonntagen wird zu einem Thema aufwendig gekocht.
Kultur In der Staudengärtnerei «Gräfin von Zeppelin» kommt jeder passionierte Hobbygärtner in einen Kaufrausch. www.staudengaertnerei.com
Küche Zwischen Tintenfisch und Maultaschen.
Keller Verschiedene lokale Weine und eine Auswahl an italienischen Provenienzen.
Gut zu wissen Der Service ist herzlich, wer kommt, nimmt sich Zeit und geniesst die unbeschwerte Atmosphäre.
Preise Mittel.

BEIZ
Gasthaus Hirschen
Familie Geitlinger
Am Neuweg 2
D-79400 Kandern-Egerten
0049 762 63 88

Authentische Gaststube mit Kachelofen und traumhaftem Garten. Blechtische mit Holzstühlen unter Kastanien. Beste Hausmannskost und dazu Gutedel und Riesling aus eigener Produktion. Chapeau!

BETT
Zum Waldhüter
Christoph Meier
Gässle 7
D-79650 Schopfheim-Gersbach
0049 76 20 98 89 00
www.zumwaldhueter.de

Christoph Meier hat den verwelkten Landgasthof zum Blühen gebracht, ohne die Patina zu zerstören. Angenehme Zimmer und gute Küche.

BESUCHEN
Weinbau Ruser
Maria und Karlheinz Ruser
Sodgasse 7
D-79539 Lörrach-Tüllingen
0049 762 14 96 20
www.weinbau-ruser.de

Frische, belebende Weine mit wenig Alkohol zum Freundschaftspreis: Das erwartet den Weinfreund nur einen Katzensprung von Basel entfernt.

«Jour de fête»

Eine Auszeit im Sundgau ist Therapie gegen den Alltagskoller. Nicht weil hier viel, sondern weil hier gar nichts läuft, allerhöchstens mal «un jour de fête».

Der Sundgau liegt westlich von Basel und ist ein Mekka für wohlbeleibte Velofahrer im engen Sportdress. Die Landschaft vermittelt Trägheit, der Service in den Beizen ebenso. Die surrealistischen Verkehrskreisel, die üppig bepflanzten Blumenkisten auf den Fenstersimsen, die Gartenzwerge in den Vorgärten, die Rokokoküche der musealen Gourmettempel und die fetten Weine diverser Elsässer Winzer zeichnen ein eigenwilliges Bild der Region. Aber «plat du jour» klingt nun mal besser als «Tageshit» und gegen den Schweizer Mehltau hilft eine Einkaufstour auf dem Wochenmarkt in Mulhouse. Maisfelder, Alleen, unberührte Wälder, Wildschweine, Reiter, Kirchtürme, auf denen die Störche klappern und verschlafene Dörfer warten auf den Reisenden. Mehr ist da aber nicht.

Sein eigener Gast

Im Sundgau sterben nicht nur die Alten, sondern auch die patinierten Beizen. Die ältere Generation ist müde, mag nicht mehr, die jüngere möchte, darf nicht mehr – die neuen, von amtlichen EU-Schreibtischtätern entworfenen baulichen Vorschriften, finanziell gar nicht erst umsetzbar, lassen die alteingesessenen einfachen Beizen sterben. Was übrig bleibt, sind Imbissbuden und einige Institutionen, die sich gegen die staatlichen Paragraphenreiter bisher erfolgreich zur Wehr gesetzt haben. Die meisten Elsässer haben kapituliert, sie rauchen, trinken und essen zuhause, gehen einmal im Jahr ans Dorffest und zweimal im Jahr in den Gemeindesaal zum Spargel- und Karpfenessen.

Eine Oase in Leymen

Leymen liegt an der Grenze, eingebettet zwischen den Schweizer Gemeinden Biel-Benken, Flüh und Rodersdorf. Dort leistet eine Bastion seit Jahren hartnäckig Widerstand gegen die Verrohung der kulinarischen Sitten. Die «Couronne d'Or» ist eine Oase, die sich angenehm vom Mittelmass abhebt, sich mitunter launisch zeigt, als Ganzes aber ein schönes Erlebnis sein kann, wie es der Sundgau und weite Teile des Elsass nicht mehr zu bieten haben. Ihre Macher sind Schweizer, ihre Gäste Basler Elsassgänger. Im erhabenen Jugendstilsaal wird lustvoll getafelt, viele wählen das Überraschungsmenü, das opulent auf Platten serviert wird. Eine gesetzte Adresse mit Stärken und Schwächen.

La Couronne d'Or
Urs Rusterholtz und Bernhard Weber
10, rue Principale
F-68220 Leymen
0033 389 68 58 04
www.couronne-leymen.ch

Ruhetage Mo bis Mi.
Geöffnet Do bis So ab 11 Uhr.
Ideal für Romantiker, Familien, Galeristen und Architekten.
Fumoir Open Air.
Frischluft Kleine Aperitifterrasse vor und romantischer Garten hinter dem Haus.
ÖV Mit der Tramlinie 10 von Basel über die Landesgrenze nach Leymen.
PW Von Basel in Richtung Delémont, Ausfahrt Reinach-Süd, dann via Biel-Benken nach Leymen.
Zu Fuss Zur geschlossenen Kapelle Heiligenbrunn. Den Schlüssel gibt's bei der Architektin Marina Gerber in Leymen (0033 389 68 58 92).
Speziell Im Speisesaal wird's bourgeois, in der kleinen Stube persönlich, im Wintergarten natur- und im Bistro dorfnah.
Kultur Am ersten Sonntag des Monats an die Brocante nach Belfort.
Küche Saisonale französische Küche.
Keller Vorwiegend französische Weine und einige Italiener zu korrekten Preisen.
Gut zu wissen Am Sonntag mittag brummt der Laden. 100 Gäste sind es dann schon. Ruhiger und persönlicher ist's am Donnerstagabend.
Preise Mittel.

BEIZ
L'Epicurien
11, rue Wickram
F-68000 Colmar
0033 389 41 14 50
Mi abends, Sa mittags und So ganztags geschlossen.

Stimmungsvolle Beiz, frei von jeglichem Elsässer Zuckerwattenkitsch, dafür mit einer hervorragenden Weinauswahl zu moderaten Preisen.

BETT
Charles Quint
Véronique und Philippe Mathieu
3, rue du Chapitre
F-25000 Besançon
0033 381 82 05 49
www.hotel-charlesquint.com

Ein intimes Refugium aus dem 18. Jh. mit stilvollen Zimmern im Zentrum von Besançon, nur zwei Autostunden von Bern und Basel entfernt.

BESUCHEN
Crémerie Au Bon Comté
Françoise Socie
3, rue Jacques Courtois
F-25190 St-Hippolyte
0033 381 96 51 34

Von Delémont über St-Ursanne den Doubs entlang nach St-Hippolyte. Kleine Crémerie mit wunderbaren Käsesorten, darunter zum Beispiel ein grandioser Comté von Marcel Petite.

Verdauungsgespräche

Ein Verdauungsgespräch im Valle d'Aosta beginnt mit einem Génépi (Kräuterlikör) und mündet in die Diskussion, ob Kalbsfüsschen zu Risotto mantecato passen.

Bereits im Jahr 1140 diente die «Locanda La Clusaz» Reisenden auf dem Weg über den Grossen Sankt Bernhard als Herberge. Seither hat sich vieles verändert. Aus dem Saumpfad wurde eine Schnellstrasse, aus der Herberge ein ambitioniertes Spitzenlokal. Viele kennen sich, die meisten Gäste sind seit Jahren treue Wiederholungstäter, zu denen auch ich gehöre. Lärmempfindliche Ohren werden erstaunt sein, dass von der Strasse so gut wie nichts zu hören ist. Wer im Haus schläft, reserviert ein ruhiges Zimmer hinten hinaus, mit Blick auf Hang und Kiefernwald.

Kompliment!

Was mich daran reizt, immer wieder in die «Locanda La Clusaz» zu gehen, ist ihre innovative Küche, der Weinkeller und das Weinwissen von Maurizio Grange, der mich stets mit neuen Provenienzen aus dem Aostatal überrascht. Sein Keller bietet ein breites Spektrum an italienischen Weinen, ausserdem französische und einige Schweizer Provenienzen. Am Abend werden zwei verschiedene Menüs angeboten: Das eine befasst sich mit der traditionellen Küche der Region, das andere mit dem, was die Saison hergibt. Je nach Jahreszeit kommt ein weiteres Spezialmenü hinzu. Die Köche sind die Ruhe selbst, jeder Gang sitzt. Bezüglich der Weine darf man sich getrost in die Hände von Maurizio begeben. Das Angenehme ist, dass er nicht die teuerste, sondern die richtige Flasche zum Menü aussucht.

Gaumentanz

Ein Essen bei Sevi und Maurizio ist finanziell keine grosse Investition und dauert rund vier Stunden. Eine Zimmerreservation ist also ratsam. Nach dem Aperitif, der unaufgefordert eingeschenkt (und offeriert) wird, geht es los: Salumi, Tortino di castagne con pancetta e lardo, Seuppa à la Vapellenentse, Ravioli di boudin, Risotto mantecato und ein im Heu gegartes Jungwildschwein mit Rotweinbirnen. Und noch drei weitere Gänge! Wem das zu opulent ist, der hält sich an die feine Klinge, die beim saisonalen Menü geführt wird. Zum Schluss landen alle beim Verdauungsgespräch. Vielleicht zuerst ein Amaro, bevor es zum Génépi geht? Und wie war das nun mit den Kalbsfüsschen?

Locanda La Clusaz
Sevi Math und
Maurizio Grange
La Clusaz 1
I-11010 Gignod
0039 16 55 60 75
www.laclusaz.it

Ruhetage Di ganzer Tag und Mi mittags.
Geöffnet Von Mi abends bis Mo jeweils mittags und abends.
Ideal für Reisende, Weinnasen und Schlemmer.
Fumoir Open Air.
Frischluft Hinter dem Haus hat es eine kleine Terrasse für die Morgengymnastik.
ÖV Linienbus Martigny – Aosta. www.regione.vda.it
PW Im Sommer über, im Winter durch den San Bernardino.
Zu Fuss Zum Château Verdun. www.gsbernard.ch
Speziell Maurizio Grange ist ein versierter Kenner italienischer Weine und ein Verfechter der heimischen Weinkultur.
Kultur Aosta ist reich an Sehenswürdigkeiten.
Küche Regionaltypisch, mit Ausflügen in die Haute Cuisine.
Keller Grosse und kleine Namen aus dem Piemont und Frankreich, einige Flaschen aus dem Wallis und natürlich eine Vielzahl von Spezialitäten aus dem Aostatal.
Gut zu wissen Eine weitere exzellente und stimmungsvolle Adresse ist das intime «Hôtel Suisse» in Bourg de Saint-Rhémy. www.hotelsuisse.it
Preise Mittel.

➔ BEIZ
Il Verde Ramo
Vicolo del Frate 1
I-21030 Castello Cabiaglio
0039 332 43 58 66
Mo abends und Di ganztags geschlossen.

Authentische Osteria 15 km östlich von Laveno. Kaminfeuer, gutes Essen, 200 Flaschen im Keller, all das zum Freundschaftspreis. Lebendig wird's beim Pranzo am Sonntag.

➔ BETT
Villa Pastori
Ruth Widmer und
Markus Gasser
Viale Matteotti 1
I-28010 Ameno
0039 322 99 84 95

Was für eine Landpartie! Park, Gästezimmer, Frühstück ab 10 Uhr, zwei eigenwillige Gastgeber und im Frühling ein Meer von Kamelien. Eine Schweizer Bastion in Italien.

➔ BESUCHEN
Al Vecchio Fornaio
Pasticcere, La Fugascina
Via Frattini Emilio 6
I-28802 Mergozzo
0039 323 801 36
www.fugascina.it

Keine Aufbackstation, sondern eine Bäckerei mit herrlichem Süssgebäck aus Handarbeit. Die Hauptrolle spielt das flach geformte, köstlich duftende Brot.

Die Mutter zupft Holunder

Die Philosophie im «Adler» ist klar: Der Gast benötigt beim Essen keinen Vormund. Der Service ist so unaufdringlich wie hellhörig und stolziert nicht herum.

«Die Tür öffnete sich und eine stattliche, rundliche Frau brachte eine Platte, die bis zum Rande überhäuft war mit Sardinen, Krebsen, Salaten von Gurken, Tomaten, Erbsen, besetzt mit Bergen von Mayonnaise und Eiern, dazwischen kalter Aufschnitt, Hühnerfleisch und Lachs. Der Alte nahm von allem.»

Im Gasthof Adler pflegt Engelbert Kaufmann eine filigrane Kochsprache auf die Friedrich Dürrenmatt in seinem Roman «Der Richter und sein Henker» verzichtet. Seine Gerichte kommen ohne Firlefanz aus, überzeugen durch die Liebe zum Detail und bestechen im Gaumen durch subtile Aromen. Manchmal auch durch den von der Mutter gezupften Holunder. Das hätte Dürrenmatt gefallen.

Ja, das gibt's!

Im «Adler» wähnt man sich unter Freunden. Herzliche Begrüssung, freundliche Betreuung, Quellwasser, Brot, das diesen Namen verdient und frische Butter werden unaufgefordert gebracht. Die Wein- und Speisekarte wird zum Selbststudium hingelegt. Vielleicht ein Glas zum Aperitif, lieber nicht – kein Problem. Alle haben, alle nehmen sich Zeit, keine Unruhe, keine Hektik stört. Man ist angekommen, lehnt sich zurück und hört sich die Tagesempfehlungen an. Lustvolles Tafeln und fröhliches Geplauder erfüllen den Raum und zeugen von entspannter Zufriedenheit. Ich übertreibe? Nein. Gibt es das wirklich? Ja!

Geschmack statt Prestige

Auf der Weinkarte haben die österreichischen Winzer das Sagen, einige Flaschen aus Frankreich, Italien und Spanien spielen mit, sitzen aber auf der Ersatzbank. Das Gros der Gäste trinkt Grünen Veltliner, Zweigelt und St. Laurent. Ein guter Einstieg ist der mineralische Welschriesling aus der Steiermark, sozusagen ein Erfrischungsgetränk vor dem exzellenten Mittagsmahl. Die Küche im «Adler» ist weltoffen und originell, aber immer unter Berücksichtigung regionaler Produkte. Das ist von Engelbert Kaufmann kein blosses Lippenbekenntnis, sondern zelebrierte Kochkultur, die sich zum Beispiel so anhört: Topfensoufflé, gratinierte Kutteln, gebackene Blut- und Leberwurst-Ravioli auf Apfelsauerkraut an Kümmelschaum, Latschenkiefernnadel-Risotto, Kalbsleber in Mangold, Quittensorbet, Walnussbrot und Käse statt Kaviar – es passt!

Gasthof Adler
Helga Walch und Engelbert Kaufmann
Hof 15
A-6867 Schwarzenberg
0043 55 12 29 66
www.adler-schwarzenberg.at

Ruhetage Mo und Di.
Geöffnet Mi bis So von 10:30 bis 14 Uhr und ab 17:30 Uhr, So durchgehend.
Ideal für Tagediebe und Genussmenschen.
Fumoir Open Air.
Frischluft Schöner Freisitz unter Kastanien.
ÖV Mit dem Zug via Feldkirch nach Dornbirn, von dort mit dem Bus nach Schwarzenberg.
PW Via Bregenz und Dornbirn nach Schwarzenberg.
Zu Fuss Im Nachbardorf Egg führt ein Weg den Schmittenbach entlang zum Ortsteil Rain. Dort zapft Wirt Albert Schneider im «Gasthof Gams, Tonele» (Rain 96) würziges Egger Spezialbier, dazu wird bester Speck aufgetischt. www.brauerei-egg.at
Speziell Alle verwendeten Produkte haben einen kurzen Transportweg.
Kultur Karin Kaufmann betreibt in Egg im ehemaligen Gasthaus Engel eine Kochschule im Einklang mit der Natur. Grandios! www.fraukaufmann.at
Küche Weltoffen und originell, strikt auf der Basis regionaler Produkte.
Keller Österreich in Flaschen.
Gut zu wissen Der «Adler» hat leider keine Zimmer, der Nachbarswirt schon, allerdings zu satten Preisen. www.hirschenschwarzenberg.at
Preise Mittel.

➔ BEIZ
Gasthaus Adler
Kaiser-Franz-Josef-Str. 104
A-6845 Hohenems
0043 557 67 22 92
www.adlerhohenems.com

An die 10 000 Flaschen lagern im Keller, in der Küche kocht Martin Griesser frische Hausmannskost, im Service agiert forsch Mama und Chefin Elfriede Griesser. Das Ganze ein Relikt.

➔ BETT
Zum Verwalter
Michael Ritter
Schlossgasse 1
A-6850 Dornbirn
0043 557 22 33 79
www.zumverwalter.at

Die modernen Zimmer sind Themen gewidmet wie Olive, Zimt oder Pfeffer, wo einen die gemalten Körner zu erschlagen drohen. Ich ziehe das Zimmer «Altbestand» vor.

➔ BESUCHEN
Käslädele
Hedi Berchtold
Hof 18
A-6867 Schwarzenberg
0043 66 44 24 28 15

Die Äpfel liegen in Holzschüsseln, die Würste und Speckseiten hängen an der Wand, die Käselaibe vervollkommnen das Bild eines lebenden Appetitlexikons. Die herzliche Bedienung gibt es gratis dazu.

Martin Jenni, geboren 1959, freier Journalist BR und Autor, lebt und arbeitet im Jura, über den er ein «Rumtreiberbuch» geschrieben hat. Seit über dreissig Jahren ist er in der Schweiz unterwegs: Zu Fuss und auf vier Rädern, stets auf der Suche nach Beizen der besseren Art. Er ist ein Anhänger der britischen Küche, liebt Schottland und rauchige Single Malts und kocht gerne für Freunde «parsnip soup», «roast pork with mashed apples» und andere schöne Dinge. Er schreibt für Zeitungen und Magazine über die feine Lebensart, im Speziellen für «Salz & Pfeffer» und das «Migros Magazin».

Marco Aste, geboren 1961 in Basel. Nach einer Lehre als Betriebsdisponent und mehreren Jahren bei den SBB begann er 1991 seine Laufbahn als Fotograf. Nach lehrreichen und intensiven Jahren als Assistent bei diversen Fotografen und weltweiten Shootings eröffnete Marco Aste 1996 sein eigenes Studio in Basel. Er fotografiert für Kunden aus der Schweiz, Deutschland, Österreich und New York in den Bereichen Werbung, People, Food, Interior Design, Architektur sowie im redaktionellen Bereich.

Bildnachweise Umschlag
Titelseite oben: Auberge du Chêne, Pampigny, Seiten 154/155
Titelseite unten: Zum Wilden Mann, Ferrenberg/Rüedisbach, Seiten 50/51
Rückseite: Wii am Rii, Schaffhausen, Seiten 116/117

Zitatnachweis Seite 182
Friedrich Dürrenmatt: *Der Richter und sein Henker*

Zahlreiche farbige Abbildungen
224 Seiten, broschiert
ISBN 978-3-85932-637-8
CHF 39.90 / EUR 31.00

EMPFEHLUNGEN FÜR WOHLFÜHLTRÄUME

GABRIELLE ATTINGER

SPA-HOTELS IM TREND

50 Wohlfühloasen in der Schweiz und in der nahen Umgebung, die verwöhnen, Energie spenden und heilen

Das Angebot an Wohlfühloasen wird immer grösser und unübersichtlicher, die Anzahl möglicher Treatments ist immens. Mit dem Wegweiser «Spa-Hotels im Trend» geht's einfach: 50 Hotels, die sich durch einzigartige Angebote auszeichnen, werden ausführlich, sachkompetent und vergleichbar vorgestellt.

Zahlreiche farbige Abbildungen
192 Seiten, broschiert
ISBN 978-3-85932-630-9
CHF 42.90 / EUR 34.00

TRAUMHOTELS FÜR VERANTWORTUNGSBEWUSSTE

CLAUS SCHWEITZER

«GRÜNE» HOTELS & RESORTS

100 nachhaltige Traumziele in der Schweiz, Europa und fernen Welten

Was «grün» bedeuten kann, zeigen die traumhaft schönen Hotels in diesem Buch mit lustvoller Nachhaltigkeit und engagiertem Lifestyle. Ob ein Schlösschen im Tessin, eine Safari-Lodge in Südafrika, ein Wellness-Resort in Thailand oder ein Design-Refugium in Südtirol: Verantwortungsbewusstes Reisen war noch nie so verlockend.

WERDVERLAG

T 0848 848 404 (CH), T 07154 13 270 (D)
buecher@werdverlag.ch
Besuchen Sie unsere Homepage: www.werdverlag.ch
Preisänderungen vorbehalten